Franz Muncker

Johann Kaspar Lavater

Verone

Franz Muncker

Johann Kaspar Lavater

1st Edition | ISBN: 978-9-92500-037-1

Place of Publication: Nikosia, Cyprus

Erscheinungsjahr: 2015

TP Verone Publishing House Ltd.

Eine Skizze des Lebens und Wirkens von Johann Kaspar Lavater. Nachdruck des Originals von 1883.

Johann Kaspar Lavater.

Eine Skizze seines Lebens und Wirkens

von

Franz Muncker.

Druck von Gebrüder Kröner in Stuttgart.

Vorwort.

_____

Gleich nach Lavaters Tod erschienen mehrere Bro=
schüren und Schriften über sein Leben und Wirken. Eine
ausführliche, für ihre Zeit höchst schätzenswerte „Lebens=
beschreibung" des Züricher Gottesmannes in drei Bänden
lieferte sein Schwiegersohn Georg Geßner (Winterthur
1802—1803). Ihm boten sich zahlreiche persönliche Erinne=
rungen an den Verstorbenen dar. Ueber die Papiere des
Nachlasses konnte er uneingeschränkt verfügen. So gelang
es seinem redlichen Bemühen, das historische Material ziem=
lich vollständig zusammenzutragen. Aber um so mißlicher
war es mit der Kritik in seinem Buche bestellt. Der Ver=
fasser stand zu sehr im Bann von Lavaters Geist, als daß
er ein eigenes Urteil über ihn und sein Wirken gewagt
hätte. Die späteren Biographen des Zürichers, Ferdinand
Herbst („Lavater nach seinem Leben, Lehren und Wirken",
Ansbach 1832) und Friedrich Wilhelm Bodemann
(unter demselben Titel, Gotha 1856, neu aufgelegt 1877),
waren, was den sachlichen Gehalt ihrer Arbeiten betrifft,
meist von Geßner abhängig. Auch sie gaben, wie dieser,
zum Teil bloß eine Auslese aus Lavaters eignen Aus=
sprüchen. Herbst behandelte fast nur den Theologen Lavater
eingehender; Bodemann zeichnete überhaupt mehr das Bild

des Menschen als das des Schriftstellers. Auch dem letzteren
wurde erst J. C. Mörikofer in seiner „schweizerischen Lite=
ratur des achtzehnten Jahrhunderts" (Leipzig 1861) einiger=
maßen gerecht. Hier fanden sich die ersten Anfäße zu einer
Monographie über Lavater, die den jetzigen Anforderungen
der Wissenschaft entspräche. Aber auch hier nicht mehr als
die Anfäße. Die Monographie selbst blieb ungeschrieben.

So möchte denn ein neuer Versuch, Lavater nach seinem
Leben und Wirken darzustellen, wohl auch jetzt noch nicht
als überflüssig abzuweisen sein. Freilich kann und soll dieser
mein Versuch nie und nimmer den Anspruch erheben, daß
er für die bisher mangelnde, wissenschaftlich ausreichende
Monographie selbst gelte. Nur als eine kurze Skizze einer
derartigen Arbeit glaube ich vielmehr die folgenden Blätter
bezeichnen zu dürfen. Und es lag in den Umständen, unter
denen diese Blätter geschrieben wurden, begründet, daß ich
bloß eine solche Skizze von Lavaters Leben und Wirken zu
zeichnen wagen konnte.

Meine Arbeit war ursprünglich zu einem Beitrag für
die „allgemeine deutsche Biographie" bestimmt. Durch den
allgemeinen Charakter dieses Sammelwerkes war auch die
Form meines Aufsaßes zum großen Teil bedingt. Mög=
lichste Kürze, bei der einzelnes lieber zu karg als zu freigebig
behandelt werden sollte, war dringend geboten. Namentlich
bei den kleineren oder weniger bedeutenden Schriften Lavaters
mußte ich mich mit den knappsten Andeutungen begnügen.
Gleichwohl wurde mein Artikel zu umfangreich, um in der
„allgemeinen deutschen Biographie" Plaß zu finden. Nicht
minder ungeeignet erschien es, ihn, in mehrere Stücke zer=
teilt, nach und nach in einer Zeitschrift zu veröffentlichen.
Da machte es mir das freundliche Entgegenkommen der
J. G. Cotta'schen Buchhandlung möglich, meinen biogra=
phischen Versuch selbständig im Einzeldruck herauszugeben.
An kleineren Aenderungen ließ ich es bei erneuter Durch=

sicht des Manuscriptes nicht fehlen; die Form des Ganzen
hingegen blieb so, wie sie von Anfang an dem für die „all=
gemeine deutsche Biographie" verfaßten Aufsatze aufgeprägt
worden war. Ein paar — überaus wenige — Angaben, die
ich im Zusammenhang kaum entbehren konnte, mußte ich
auf Treu und Glauben von Geßner oder Mörikofer ent=
lehnen, weil mir die Einsicht in einige seltnere Werke La=
vaters abgieng. Sonst denke ich keine Mühe gescheut zu
haben, um überall unmittelbar aus den Quellen zu schöpfen.
Den Nachweis der neuesten Schriften zur Physiognomik ver=
danke ich Herrn Professor Dr. Karl von Prantl in
München; für die Mitteilung einzelner Daten aus den
Züricher Standesamtsbüchern bin ich Herrn Dr. J. Bäch=
told in Zürich verpflichtet. Im ganzen darf ich vielleicht
hoffen, mein Büchlein werde, wenn ich auch aus Rücksicht
auf die gesammte Darstellung manches Ergebnis der Detail=
forschung nicht verwerten konnte, doch dem freundlichen Leser
das eine oder andere bieten, was ihn für das Studium
unserer Literaturgeschichte nicht ganz nutzlos dünkt.

Bayreuth, am 9. September 1883.

Franz Muncker.

Johann Kaspar Lavater, eine Zeit lang von den einen maßlos überschätzt, dann von den andern mit noch weniger Recht verhöhnt und verachtet, war kein großer Mann, aber von bedeutendem Einfluß auf seine Zeit und auf die größten seiner Zeitgenossen, bei manchen Fehlern und Schwächen ein guter Mensch, von wahrhaft philantropischer Gesinnung erfüllt, von religiöser Kraft durchdrungen, trotz vielem Hang zur Schwärmerei eifrig im Dienste der Wahrheit. Einen vorzüglichen, aber eigenen Mann nennt ihn Goethe, einen seltenen und seltsamen Menschen, der, eigentlich ganz real gesinnt, nichts Ideelles kannte als unter der moralischen Form, der mit den zartesten sittlichen Anlagen ausgestattet, jedoch nicht zur Beschaulichkeit geboren war und zur Darstellung im eigentlichen Sinn keine Gabe hatte, vielmehr mit allen seinen Kräften sich zu ununterbrochener Tätigkeit und Wirksamkeit gedrängt fühlte.

Lavater wurde am 15. November 1741 zu Zürich geboren. Sein Vater Johann Heinrich Lavater (geboren im December 1697, gestorben am 4. Mai 1774), Doctor der Medicin und Mitglied der Züricher Regierung, zeichnete sich nicht durch Gelehrsamkeit und Scharfsinn, aber durch gewissenhaften Fleiß aus. Als Arzt war er nicht ungeschickt. Dabei konnte er für das Muster eines ordentlichen und regelmäßigen Bürgers und Familienvaters gelten. Die Mutter, eine geborene Regula Escher (7. Juli 1706 — 16. Januar 1773), kam an Redlichkeit und ernster Ausdauer des Strebens ihrem Manne gleich. Sie besaß dazu einen guten Verstand, eine reiche und bewegliche Einbildungskraft und einen erfinderischen, stets auf große Pläne gerichteten Geist. Von Pedanterie und Laune war sie nicht frei; aber trefflich waltete

sie im Hause, dessen eigentliche Herrin bei aller treuen Hin=
gabe an den Gatten doch sie war. Kaspar war ihr zwölftes
Kind. Die rege Phantasie, die er (wie den Trieb zu un=
begrenzter Mildtätigkeit) von der Mutter überkommen hatte,
und der fromme Gottesglaube, der sich aus dem elterlichen
Hause frühzeitig ihm mitteilte, boten schon dem Knaben
Stütze und Labung in der Einsamkeit, in die er sich schüchtern
vor dem Druck daheim und in der Schule und vor den
Spielen der Altersgenossen verbarg. Denn blöde Scheu
lähmte ihm die Zunge, wenn er sich unter Menschen be=
fand; Witz und Verstand schienen dem „Unmündigen" völlig
versagt. Aber auch von Lerneifer oder Fleiß zeigten seine
flüchtigen Arbeiten keine Spur. Doch in der Bibel, nament=
lich in den historischen Büchern des alten Testamentes, konnte
er sich nicht satt lesen.

So machte er in der deutschen Schule, in die er sehr
früh kam, nur langsame Fortschritte. Etwas besser gieng
es, nachdem der Sechsjährige in die lateinische Schule auf=
genommen worden war, besonders seit ein Zufall (1751)
ihn zu dem Gedanken, Pfarrer zu werden, angeregt hatte.
Mehrere Ereignisse trafen zusammen, ein ernsteres Streben
in ihm zu wecken. Ende Octobers 1752 kam Wieland als
Bodmers Gast nach Zürich. Sagenhafte Gerüchte von den
Kenntnissen des jungen Dichters entzündeten den Ehrgeiz
Lavaters: planlos begann er Bücher aus den verschiedensten
Wissenschaften zu lesen, öfter freilich bloß in ihnen zu blättern.
Eine gefährliche Krankheit, von der er sich (1753) nur lang=
sam erholte, mehr noch der Eindruck, den das Erdbeben von
Lissabon (am 1. November 1755) und achtzehn Tage später
der Tod eines seiner Brüder auf ihn machte, half seinen
schwachen und leichtsinnigen Charakter festigen. Zu beharr=
licherer Arbeit aber hatte er sich schon 1754 bei seinem
Uebertritt aus der lateinischen Schule in das Collegium
humanitatis aufgerafft. Hier wirkten Bodmer und Brei=
tinger als Lehrer, und Lavater ward späterhin nie müde
zu rühmen, wie viel er ihrem Unterricht und Umgange ver=
dankte. Hier schloß er auch den Bund der Freundschaft mit
mehreren Jugendgenossen, mit Heinrich Füeßli, der sich
nachmals als Maler auszeichnete, und mit den Brüdern
Felix, Jakob und Heinrich Heß. Im Verkehr mit diesen
Jünglingen bildete sich gleichmäßig sein Geist wie sein Herz.
Zugleich aber trieb ihn seine nie verminderte, vielmehr stets

wachsende Neigung zu dem Beruf, den er erwählt hatte, zum emsigsten Studium vom frühen Morgen bis nach Mitternacht.

Gegen Ende des Jahres 1759 konnte er in die theo=
logische Klasse eintreten. Durch mehrere geistliche Lieder und religiöse Gedichte, die er hier verfertigte, schulte er sein poetisches Talent, das der Umgang mit B o d m e r geweckt haben mochte. Als Student hielt er seit 1760 einige Uebungs=
predigten. Der angehende Kanzelredner bewies darin bereits staunenswerte Sicherheit und Gewandtheit in der Benützung der augenblicklichen Situation. Nachdem er den theologischen Cursus vollendet, wurde er im Frühling 1762 ordiniert oder, wie man in Zürich sagte, in's Ministerium aufgenommen.

Die Pflichten seines geistlichen Berufes erfüllten ganz seine Seele. Zu ihnen zählte er aber auch die Aufgabe, unschuldig Bedrängte zu schirmen. Schon der scheue Knabe hatte unzweifelhaftes Unrecht jederzeit furchtlos bekämpft; wie viel mehr der gereifte Jüngling! Im Verein mit seinem Freunde F ü e ß l i trat er (im Herbst 1762) erst anonym, dann offen mit einer Anklage gegen Junker F e l i x G r e b e l, den Schwiegersohn des regierenden Bürgermeisters, auf. Der=
selbe hatte sich als Züricher Landvogt der Herrschaft Grü=
ningen (1755—1761) zahlreiche Ungerechtigkeiten zu Schulden kommen lassen. Der schwärmerische Eifer der beiden Jüng=
linge für Tugend und Recht erwies sich nicht minder in der ungewöhnlichen und ungesetzlichen Form ihres Verfahrens wie in der an alttestamentliche Muster erinnernden Rhetorik ihrer Beschwerdeschrift. Doch bestanden sie siegreich mit ihrer Klage, und ihre Kühnheit machte ihren Namen über die Grenzen des Schweizer Vaterlandes hinaus berühmt. 1769 sammelte ein ungenannter Verehrer des „großen Lavater" die Actenstücke jenes Processes und gab sie zu Arnheim unter dem pomphaften Titel heraus „der von Johann Kaspar La=
vater glücklich besiegte Landvogt Felix Grebel".

Allein trotz des Triumphes, den die Freunde erfochten hatten, mochte es doch geraten scheinen, daß sich die kühnen Vorkämpfer für das Recht auf einige Zeit von Zürich fern hielten. B o d m e r und B r e i t i n g e r schlugen eine Reise nach Barth in Schwedisch=Pommern vor. Dort wirkte damals als Präpositus Johann Joachim Spalding (1714—1804), der Verfasser der vielgelesenen „Betrachtung über die Be=
stimmung des Menschen". Lavater kannte ihn bereits aus seinen Schriften. Den strengen Bibelglauben, von dem er

selbst beseelt war, mußte er zwar an ihm vermissen; doch
schätzte er ihn längst als einen der aufgeklärtesten und
schönsten Geister und zugleich als einen würdigen Diener
des Evangeliums, der „Tugend und Wahrheit verehrte wie
Gott". Füeßli und Felix Heß fühlten sich gleich ihm zu
Spalding hingezogen. Mit ihnen trat er daher Anfangs
März 1763 die Reise nach dem Norden an. Professor
Johann Georg Sulzer, der eben von einem Besuch des
heimatlichen Winterthur nach Berlin zurückkehrte, machte
gern auch bei diesen Landsleuten den Führer durch das
nördliche Deutschland. Ueberall vermittelte er ihre Begeg-
nung mit hervorragenden Gelehrten und Dichtern. So
lernten sie in Leipzig Ernesti, Gellert, Christian Felix
Weiße, Zollikofer, Oeser kennen, in Magdeburg Gleim,
in Berlin Moses Mendelssohn, Ramler, den Hofpre-
diger Sack und andre. Voll hoher Erwartungen, die er
von Berlin aus in einer begeisterten Ode an Spalding
ausdrückte, kam Lavater im Mai mit seinen beiden Freunden in Barth an. Sein Hoffen ward überreich erfüllt. Noch
Jahrzehnte darnach dachte er mit „heimwehähnlichem Schmerz"
und „wehmütiger Entzückung" an jene „seligsten" Tage
seines Lebens zurück. Im vertrauten Verkehr mit dem älteren
Freunde und im einsamen Studium erfuhr und lernte er
hier gar manches, dessen Eindruck sich nie wieder verwischte.
Der innige Umgang mit einem Theologen, dessen Ansichten
über das Christentum so vielfach von den seinigen abwichen,
pflanzte in ihn jenen Sinn der religiösen Toleranz, den er
sich immer wahrte, wie sehr er sich auch bemühte, Anders-
gläubige zu seiner Anschauung herüberzuziehen. Die gründ-
liche Lectüre der wichtigsten Werke aus der gelehrten und
schönen Literatur nährte seine theologisch-philosophischen Kennt-
nisse und befruchtete seine poetische Anlage. Die Sorgfalt,
welche er in den Erholungsstunden auf das Zeichnen von
Portraits verwandte, war dem künftigen Begründer einer
wissenschaftlichen Physiognomik ungemein förderlich. Auch
die Anfänge seiner schriftstellerischen Tätigkeit fielen in jene
glücklichen Monate. Anonym ward er ein eifriger Mitar-
beiter der „ausführlichen und kritischen Nachrichten von den
besten und merkwürdigsten Schriften unserer Zeit nebst andern
zur Gelehrtheit gehörigen Sachen" (Lindau, Frankfurt und
Leipzig 1763). Mehrere Recensionen theologischer Bücher
und moralisch-religiöse Aufsätze lieferte er für diese Zeitschrift.

Als Karl Friedrich Bahrdt, der berüchtigte nachmalige
Vorkämpfer eines seichten Rationalismus, damals noch in
den Banden der Orthodoxie, den „Christen in der Einsamkeit"
des fürstlich-carolathischen Hofpredigers Martin Cruget
(1725—1790) 1763 angeblich verbessert herausgab, rügte
Lavater zunächst in einem äußerst schneidigen, doch privaten
Schreiben an Bahrdt die Schamlosigkeit, daß er das Werk
eines noch lebenden Verfassers eigenmächtig umgeändert und
dessen Grundsätze verfälscht und verketzert habe. Bahrdt
erwiderte in dem zweiten Teile seines „verbesserten Christen
in der Einsamkeit", indem er das Christentum des anonymen
Briefstellers gehässig verdächtigte. Jetzt fühlte sich Lavater
genötigt, in breiter Selbstverteidigung sein Urteil zu er-
härten. Ja, um nachzuweisen, daß er sich keineswegs, wie
Bahrdt ihm vorwarf, im vollen Einklang mit dem teilweise
heterodoxen Cruget befinde, verschmähte er es nicht, vor dem
unwürdigen Angreifer sein eigenes, streng kirchliches Glaubens-
bekenntnis abzulegen. Beide Briefe sandte er noch Ende
1763 zum Druck. Sie erschienen zu Breslau, zwar ohne
Lavaters Namen; doch bekannte er sich alsbald brieflich und
seit 1785, als er sie in den dritten und letzten Band seiner
„sämmtlichen kleineren prosaischen Schriften" aufnahm, auch
öffentlich zu ihnen.

Beim Anzug des Winters kehrte Füeßli nach Berlin
zurück; am 24. Januar 1764 folgten ihm Lavater und Heß
mit Spalding, der einen Ruf als Oberconsistorialrat und
Probst nach Berlin erhalten hatte. Nach schwerem Abschied
von dem väterlichen Freunde traten die drei Jünglinge am
1. März den Rückweg nach der Schweiz an. In Quedlin-
burg suchten sie Klopstock, in Halberstadt Gleim, in Braun-
schweig den Abt Jerusalem, Gärtner, Ebert und
Zachariä, in Göttingen Michaelis und Kästner auf.
Hier trennte sich Füeßli von ihnen, um nach London zu
reisen. Lavater und Heß verweilten noch in Frankfurt am
Main bei Karl Friedrich von Moser anderthalb Tage,
eilten aber dann ohne Aufenthalt der Heimat zu; denn
die — vergebliche — Furcht, er möchte seinen schwerkranken
Vater nicht mehr am Leben treffen, beflügelte Lavaters
Schritte. Am 26. März 1764 trafen sie in Zürich wieder ein.

Sittlich und geistig gereift kam Lavater zurück. Sein
ernstes Streben gieng jetzt dahin, als Schriftsteller wie als

Prediger und Seelsorger im literarischen und bürgerlichen
Leben sich eine feste und selbständige Stellung zu gewinnen.
Auch die Begründung eines eignen Hauswesens sollte dazu
beitragen. Allein um sich selbst die Lebensgefährtin zu
wählen, dazu fehlte ihm jede Kenntnis des weiblichen Ge=
schlechtes. Noch 1777 glaubte er sich diese absprechen zu
müssen: „In meinen frühern Jahren war ich beinahe weiber=
scheu — und ich war nie — verliebt." Heinrich Heß führte
ihm die Braut zu, Anna Schinz, geboren am 8. Juli 1742,
gestorben am 24. September 1815. Sie war die Tochter
eines angesehenen Zürcher Kaufmannes, ein einfaches, be=
scheidenes Mädchen von gutem Verstand und redlichem
Wollen. An Mildherzigkeit und stiller Frömmigkeit stand
sie ihrem künftigen Gatten keineswegs nach. Und durch ihr
sanftes, schmiegsames Wesen schien sie gleichsam bestimmt,
seine nervöse Reizbarkeit zu beschwichtigen. Von Leidenschaft
oder Schwärmerei zeigte sich wenig in ihrem gegenseitigen
Verhältnis. Aber innige Zärtlichkeit und eine fast kindliche
Herzlichkeit, stets von Dank gegen den göttlichen Geber
solches Glückes begleitet, war der Charakter ihrer Liebe.
Nach kurzem Brautstand wurde am 3. Juni 1766 zu Greifen=
see bei Zürich die Hochzeit gefeiert.

Lavaters Eltern gewannen die neue Tochter so lieb,
daß das junge Paar acht Jahre lang mit ihnen zusammen=
wohnte. Stilles Glück waltete in dem Hause, so fern ihm
auch jederzeit Pracht und Reichtum blieb. Hier erst ent=
faltete Lavater den ganzen Zauber seines liebenswürdigen
Charakters. Mit acht Kindern, fünf Töchtern und drei
Söhnen, beschenkte Anna ihren Gatten. Doch starben außer
dem ältesten Sohne und zwei jüngeren Töchtern die übrigen
alle gleich in den ersten Jahren.

Schon mehrte sich die Familie zusehends, als Lavater
endlich am 7. April 1769 als Diaconus an der Waisen=
hauskirche seiner Vaterstadt angestellt wurde. Obgleich er
nun zum regelmäßigen Predigen verpflichtet war, hatte er
doch keine eigentliche Gemeinde zu versehen. Dagegen war
er zugleich Leiter des Waisenhauses und Zuchthausgeistlicher.
Hier kam es ihm zu statten, daß er bereits im April 1768
das Collegium theologico-casuisticum gestiftet hatte,
einen Verband von Zürcher Geistlichen, welche entschlossen
waren, bei ihren Besuchen der Sträflinge und namentlich
bei der Vorbereitung der Criminalverbrecher auf den Tod

nach rationellen Grundsätzen und einem einheitlichen Plane
zu verfahren. Der Verein, später asketische Gesellschaft ge=
nannt, erweiterte in der Folge sein Programm und dauerte
so bis in das Jahr 1799.

Lavaters Beförderung zum Pfarrer an der Waisenhaus=
kirche (1775) veränderte in seinem Wirkungskreise nichts
Wesentliches. Hingegen erhielt er 1778 durch seine Wahl
zum Diaconus der St. Peterskirche in Zürich eine größere,
halb aus Landsleuten bestehende Gemeinde, die ihm innig
zugetan war und für die er mit Wort und Tat sorgte.
Von ihr vermochte ihn auch ein ehrenvoller Ruf zum dritten
Prediger an der St. Asgariuskirche in Bremen (Mai 1786)
nicht zu trennen. Noch zu Ende desselben Jahres wurde er
darauf zum ersten Prediger und Pfarrer bei St. Peter be=
fördert. Sein Eintritt in das Züricher Consistorium war
damit verbunden. In dieser Stelle hielt er bis an seinen
Tod aus. Nie bereute er es, daß er dem Ruf in die Fremde
nicht gefolgt war.

Mächtig wirkte er namentlich durch seine Predigten,
zu denen die Hörer schaarenweise herbeiströmten. Viele seiner
Kanzelreden wurden mit oder ohne seinen Willen einzeln
gedruckt, bis schließlich eine Reihe von Sammlungen der=
selben, großenteils durch ihn selbst, veranstaltet wurden.
So erschienen unter andern 1773 „vermischte Predigten",
Breitinger und Spalding gewidmet. Es waren im ganzen
zwanzig Vorträge meist über Stellen des neuen Testamentes,
nicht eben immer die ausgearbeitetsten, nicht die interessan=
testen, sondern die, welche dem Verfasser die gemeinnützigsten
zu sein schienen, so wie er sie wirklich gehalten hatte, ohne
merkliche Veränderung. Die „Predigten über das Buch
Jonas", welche noch in demselben Jahre in zwei Hälften
herauskamen, zogen durch ihre ungekünstelte Popularität auch
Leser an, die sonst nicht zugänglich für solche Lectüre waren.
Mit höchstem Beifall besprach sie Goethe in den „Frank=
furter gelehrten Anzeigen". 1774 folgten „Festpredigten
nebst einigen Gelegenheitspredigten", wieder zwanzig Kanzel=
reden für die hauptsächlichen Feste des gesammten Kirchen=
jahres, gleichfalls 1774 (vier) „Gastpredigten", auf einer
Reise im Rhein= und Mainlande gehalten, 1778—1781
„Predigten über die Existenz des Teufels und seine Wir=
kungen nebst Erklärung der Versuchungsgeschichte Jesu" in zwei
Teilen, 1785—1786 „Predigten über den Brief des heiligen

Paulus an den Philemon", welche vielleicht die größte geistige Reise und Ruhe verrieten, wieder in zwei Teilen. Die beiden ersten Bände der Sammlung von Lavaters kleineren prosaischen Schriften vom Jahr 1763—1783 (Winterthur 1784) brachten eine Anzahl von Predigten, welche an den regelmäßigen Sonntagen oder bei besonders festlichen Gelegenheiten gesprochen und meist schon einzeln gedruckt worden waren. Noch unter Lavaters nachgelassenen Schriften ist ein ganzer Band, der vierte (Zürich 1802), mit Predigten und kurzen Kanzelbetrachtungen gefüllt.

Lavaters Predigten waren durchaus praktischer Natur. Er war ein rechter Gelegenheitsprediger. Er knüpfte seine Reden an die Verhältnisse des Ortes an, an dem er sprach, an die jüngsten politischen und socialen Ereignisse, welche eben die Aufmerksamkeit seiner Zuhörer gefesselt hatten; er lehrte, was er gerade für ein Bedürfnis der Zeit hielt. Aber wie verschieden gemäß den äußeren Umständen auch immer diese einzelnen Betrachtungen und Ermahnungen seiner Predigten sein mochten, im Grunde liefen sie stets auf dasselbe hinaus, auf den Mahnruf zum Glauben an Jesus Christus, „unser Alles und Einziges", unsern göttlichen Helfer und Erlöser. Das „emporbrausende christusleere Christentum" bekämpfte er eben so sehr, ja noch mehr als die „vernunftlose Schwärmerei". Man warf ihm zwar nicht ganz mit Recht, vor, er predige nur immer das Evangelium, nicht die Moral. Denn nicht oft genug konnte er die ewigen Heilstaten des Gottessohnes preisen, nicht oft genug erklären, was Glaube sei, nicht oft genug aber auch zu den Früchten des Glaubens aufmuntern, zu zuversichtlichem Gebet und zu den Werken der Liebe, durch welche der Mensch sich zur Reinigkeit und Vollkommenheit, mit Einem Wort zur „Christusähnlichkeit" bilden soll. Mit erschütternder Gewalt wußte er den Zorn des Allgerechten darzustellen und die Sünder zur Buße zu rufen; lieber aber als den strafenden Gott der Rache schilderte er den barmherzigen und verzeihenden Vater der Liebe. Notwendig mußten bei dieser Gleichheit der Tendenz seine Predigten in vielen Beziehungen einander ähnlich sein. Doch machte er es sich zur Pflicht, jedesmal etwas zu sagen, wovon er gewiß wußte, daß er es noch niemals oder wenigstens noch niemals so gesagt hatte. Auf das rein dogmatische Gebiet begab er sich in seinen Predigten so gut wie nie. Auf theologische Streitfragen gieng er grundsätzlich nicht ein. Er suchte durchweg populär zu sein, wenn er gleich bisweilen Gegenstände behandelte, die über den Gedankenkreis des gemeinen Mannes hinauslagen. Aber dann vermied er jeden dunkeln oder mißverständlichen Ausdruck. Durchgehends befliß er sich „lieber einer deutlichen und deutlich gemachten Schriftsprache als aber der künstlichen Sprache der Schulen". Besonders wenn es sich um die sogenannten Glaubensgeheimnisse und Offenbarungen handelte, schloß er sich so genau wie möglich an den Wortlaut der Bibel an. Er hielt dies für das einzige Mittel, zwischen den beiden „fürchterlichen Abwegen" glücklich durchzukommen, auf welchen er einerseits die „zu schulsüchtigen, unerleuchteten, bloß nachsprechenden Gottesgelehrten", andrerseits die „zu philosophischen Prediger" wandeln sah, die jene Glaubenslehren nur willkürlich und zufällig anzuwenden schienen, ohne sie zum eigentlichen Grunde zu legen. Ueberhaupt stellte er sich in einen Gegensatz zu den rationalistischen Predigern. Er versäumte nie, seinen Stoff logisch zu gliedern; bedeutender aber trat das lyrische Element bei ihm hervor. Stets trachtete er, die religiöse Empfindung anzuregen. Seine persönliche Subjectivität prägt sich in allen Predigten stark aus. Alle zeigen aber auch den gewandten Redner, der mit Aufgebot der mannigfachsten rhetorischen Mittel den mächtigsten Eindruck auf Sinn und Gemüt seiner Hörer zu machen strebt. Dieser Absicht zu Liebe verzeiht er sich sogar nicht selten eine den Leser ermüdende Breite des Vortrages. Mehr als durch die Verse, die Lavater seinen Predigten dann und wann einzuflechten liebte, verrät sich sein poetisches Talent durch die bilderreiche Sinnlichkeit, mit der er jeden Vorgang, jede Situation und Stimmung auszumalen verstand. Ueber der Macht seines Wortes vergaß man, daß er auch bei den Predigten, die er auf Reisen im nördlichen Teutschland hielt, seine „rohe vaterländische Mundart" nicht abzulegen vermochte.

Ergreifend und zündend hatten schon die ersten von Lavaters Predigten gewirkt. Weitverbreiteten Ruhm als Kanzelredner errang er aber erst in den siebziger Jahren, nachdem der Name des religiösen Erbauungsschriftstellers und des Dichters bereits längst anerkannt und verehrt war.

Schon auf der Schule, dann wieder während seines Aufenthaltes zu Barth hatte er mehrere geistliche Lieder

verfaßt. Nach seiner Rückkehr in die Schweiz gieng er mit
erneutem Eifer an diese Tätigkeit, die ihm während zweier
Jahrzehnte eine der ernstesten und wichtigsten blieb. 1765
und 1768 veröffentlichte er in zwei Teilen „auserlesene
Psalmen Davids zum allgemeinen Gebrauch in Reime ge=
bracht", erweiternde Paraphrasen derjenigen Psalmen, welche
nach seiner Meinung am leichtesten und natürlichsten auf
verschiedene Gemütslagen des Christen angewandt werden
können. 1767 erschien sein „christliches Handbüchlein oder
auserlesene Stellen der heiligen Schrift mit Versen begleitet",
worin er „durchaus auf Tugend, Liebe, Selbstverleugnung
und tätiges Christentum" drang. Einer späteren, ver=
mehrten Auflage fügte er einen Anhang von Morgen= und
Abendgebeten auf alle Tage der Woche bei. In ähnlicher
Weise ließ er 1771 ein „christlich Handbüchlein für Kinder",
1772 ein „christliches Jahrbüchlein oder auserlesene Stellen
der heiligen Schrift auf alle Tage des Jahres mit kurzen
Anmerkungen und Versen begleitet" folgen. Einzelne geist=
liche Gedichte erschienen in Sonderdrucken; 1771 kam die erste
Sammlung derselben heraus „fünfzig christliche Lieder". Ein
„zweites Fünfzig" folgte zugleich mit einer verbesserten Auf=
lage des ersten 1776, ein zweites Hundert 1780. Daneben
gab Lavater noch mehrere ähnliche Sammlungen heraus,
„Lieder zum Gebrauche des Waisenhauses zu Zürich" (1772),
„christliche Lieder der vaterländischen Jugend, besonders auf
die Landschaft, gewidmet" (mit Choralmelodien zu vier
Stimmen 1775), „sechzig Lieder nach dem zürcher'schen Kate=
chismus der Petrinischen Jugend zugeeignet" (1780), „neue
Sammlung geistlicher Lieder und Reime" (1782), „Lieder
für Leidende" (1787) und andere. Die Zahl seiner christ=
lichen Lieder belief sich auf etwa siebenhundert. Eine Aus=
wahl von hundert und sieben Nummern wurde daraus 1792
zu Basel veranstaltet. Nicht wenige fanden Aufnahme in
die evangelischen Gesangbücher.

Lavater schloß sich an keinen der älteren Dichter von
geistlichen Liedern allein und unmittelbar an. Er selbst
sprach unumwunden seine Ueberzeugung aus, daß ein christ=
liches Lied, welches gemeinnützig sein solle, mehr voraussetze
als Klopstocks Schwung oder „Triumphton", als Gellerts
„Sanftheit, Deutlichkeit, Einfalt und moralische Empfindsam=
keit", als Cramers „Kühnheit und Fleiß". Er ver=
langte vom christlichen Liederdichter „Erleuchtung, eigene

Empfindung, Erfahrung, Schriftkenntnis, tiefe, richtige, feine
Schriftkenntnis und himmlische Salbung, der durchaus sou=
veränen Herrschaft über die Sprache nicht zu gedenken".
Am meisten scheint noch Gellerts Vorbild auf Lavater ge=
wirkt zu haben. Die Vorzüge, die er an jenem rühmte,
schmückten auch seine geistliche Liederdichtung. Aber zugleich
offenbarte sich in ihr der freiere Geist, der seit den siebziger
Jahren unsere Poesie durchwehte. An die Stelle der Gel=
lertischen Reflexion trat bei Lavater die unmittelbare Em=
pfindung. Auch der Inhalt seiner geistlichen Lieder war
zuvörderst das Evangelium und erst in zweiter Linie die
Moral. Aber während in seinen Predigten und Erbauungs=
schriften Christus und der lebendige Glaube an ihn fast
immer der Angelpunkt war, um den sich alles drehte, ver=
herrlichten seine Lieder eben so sehr das Walten Gottvaters.
Erst in den späteren Sammlungen mehrten sich die Gesänge,
welche der ausschließlichen und begeisterten Verehrung des
Mensch gewordenen Gottessohnes gewidmet waren. Sonst
mahnte er zur Ergebenheit in den Willen Gottes, pries den
Wechsel der Tages= und Jahreszeiten und besang die Wun=
der der Natur in einer Weise, die im allgemeinen wohl an
Brockes erinnern konnte. Aber Lavater betrachtete be=
wundernd und anbetend die Werke der Natur an sich als
Zeichen von der schöpferischen Macht eines liebevollen Gottes,
während Brockes die einzelnen Kräfte und Werke der Na=
tur bloß hinsichtlich ihres Nutzens für den Menschen in's
Auge faßte. Auch Anklänge an Paul Gerhard und einige
andere Dichter des siebzehnten Jahrhunderts fanden sich hie
und da in Lavaters Liedern. Sie blieben aber vereinzelt
und waren ziemlich allgemeiner und unbestimmter Natur.
Von den Eigenschaften, die er selbst für eine unerläßliche
Bedingung zur geistlichen Poesie hielt, fehlte ihm am meisten
die „durchaus souveräne Herrschaft über die Sprache". Ge=
rade die Leichtigkeit, mit der er seine Verse schrieb, verleitete
ihn oft zu nachlässiger Behandlung der Diction wie des
Rhythmus. Von prosaischen Bildern und Ausdrücken waren
seine Lieder nicht sorgfältig genug gesäubert. Zum Teil
war die Weitschweifigkeit, mit der er seine Gedanken aus=
malte, daran schuld, zum Teil sein übrigens verdienstliches
Streben, auch für den schwächsten und unausgebildetsten
Verstand deutlich zu schreiben. Mehrere und mitunter die
ältesten seiner Lieder hatte er ursprünglich für Kinder ver=

faßt. Dabei hatte er sich frühzeitig an eine einfache, naiv-
volkstümliche Ausdrucksweise gewöhnt. So war er — im
Gegensatze zu Klopstock — meist im Stande, sein persönliches subjectives Empfinden so allgemein zu fassen und aus-
zusprechen, daß die ganze Gemeinde, für die er dichtete, ihm
nachempfinden konnte. Auch an natürlicher Frische und
Innigkeit fehlte es seinen Liedern keineswegs, wohl aber
oft an kühnem poetischen Schwung. So glücklich er sich
bemühte, die Vorzüge der älteren Kirchendichter des vorigen
Jahrhunderts in seinen Versuchen zu vereinigen, so wenig
übertraf oder erreichte er auch nur Einen von ihnen in dem,
wodurch sich dessen geistliche Poesie speciell auszeichnete.
Ueberdies verführte ihn das Bestreben, mit seiner Subjectivität alles zu umfassen, zu mancherlei Mißgriffen. So verfertigte er gleich einem niedrigen Gelegenheitspoeten bisweilen Lieder für Leute aus einem Stande oder in einer
Situation, in die er selbst sich unmöglich vollkommen hinein-
denken oder hineinfühlen konnte (z. B. Gebetslied für eine
kinderlose Frau, Lied für Wehmütter u. s. w.).

Einige der ältesten und nicht die schlechtesten dieser
geistlichen Lieder erschienen in der Monatsschrift „der
Erinnerer". Lavater, der sich auch hiedurch als Schüler
Bodmers bekundete, hatte dieses Blatt seit 1765 nach dem
Muster der moralischen Wochenschriften speciell für seine
liebe Vaterstadt begründet. Außer dichterischen Versuchen
teilte er darin mit unglaublicher Offenheit Selbstprüfungen,
Selbstbekenntnisse, Abschnitte aus seinem Tagebuche mit;
dazu kamen moralische Abhandlungen, scharfe Charakterzeich-
nungen nach dem Leben, Lesefrüchte und Auszüge aus fremden Autoren. Seiner religiösen Gesinnung allerdings konnte
Lavater dabei nicht so, wie sein Herz ihn drängte, Ausdruck
verleihen. Unter die Orthodoxen wollte er übrigens schon
damals nicht gezählt werden. Den ersten Jahrgang verfaßte er nahezu allein. Am zweiten arbeiteten außer ihm
noch der spätere Schweizer Staatsmann und Historiker
Johann Heinrich Füeßli, ferner Johann Tobler,
Jakob Heß und andere mit. Bei Beginn des dritten Jahr-
gangs zog Lavater sich von der Zeitschrift zurück. Kurz
darnach gieng dieselbe zufolge Füeßlis verletzendem Spotte
plötzlich ein.

Im „Erinnerer" gab Lavater auch die erste Kunde von
seiner patriotischen Poesie. Im Frühjahr 1766 sprach Pro-

fessor Planta aus Graubünden in der Versammlung der
helvetischen Gesellschaft zu Schinznach das Verlangen aus,
man möchte, um einen edlen patriotischen Sinn unter dem
Volke zu erwecken, die schönsten Taten der Väter in einfachen,
populären Liedern darstellen. Lavater gieng mit feurigem
Eifer auf den Vorschlag ein, und schon Anfangs 1767 erschienen in Bern seine „Schweizerlieder. Von einem
Mitgliede der helvetischen Gesellschaft zu Schinznach". Als
das Muster, dem er nachstrebte, nannte er selbst in dem
einleitenden Sinngedicht an den Leser „Tyrtäus Gleim".
Ihm lernte Lavater allerdings zum Teil seinen „Reim",
d. h. das Versmaß ab; allein gleich ihm „von Helden wie
ein Held" zu singen, gelang ihm nur kümmerlich. Es fehlte
ihm nicht an patriotischer Kampfesbegeisterung, obgleich ihm
vor dem Lärm des Waffenklanges schauerte, noch weniger an
vaterländisch tüchtiger Gesinnung, wie sie dem friedlichen
Bürger ziemt. Auch viele Einzelzüge der „Grenadierlieder"
ahmte er nach, um die besonderen Vorgänge, die er schilderte,
sinnlich zu beleben. Allein man vermißt an seinen Gedichten die unmittelbare Anschaulichkeit, durch die sich Gleims
Kriegslieder auszeichneten. Lavater besang Schlachten, die
vor dreihundert und mehr Jahren geschlagen worden waren,
nicht, wie Gleim, die Siege des gegenwärtigen Tages. So
lebhaft auch die Erinnerung an jene alten Kämpfe im
Schweizer Lande bewahrt wurde, so chronikartig Lavater auch
seine epische Darstellung auszumalen versuchte, die Frische
und originelle Kraft der preußischen „Grenadierlieder" konnte
er auf seine vaterländischen Gesänge nicht übertragen. Fast
mehr als das erste Buch, welches die „historischen Lieder"
enthielt, scheinen die „patriotischen Lieder" des zweiten Buchs
dem Dichter aus dem Herzen geflossen zu sein. Das didak-
tische Element waltet hier im Verein mit dem vaterländischen: es sind allgemeine Aufmunterungen zu patriotischer
Tugend und Tüchtigkeit in Krieg und Frieden, nicht ohne
poetische Kraft und Feuer der Begeisterung, selbst wo der
Inhalt in den Vorschriften trockner Moral befangen bleibt.
Diese Gedichte wurden in der Schweiz mit enthusiastischem
Beifall aufgenommen und fanden wegen ihrer natürlichen
Einfalt und reinen Gesinnung bald Eingang in die verschiednen Schichten des Volkes. Wiederholte, stets ver-
besserte und vermehrte Auflagen wurden veranstaltet. Noch
zu Anfang unsers Jahrhunderts wurden einzelne von

den Liedern an den Ufern des Vierwaldstätter Sees ge=
sungen.

Weit über die Grenzen seines engeren Vaterlandes
hinaus trug bald darauf den Namen des Dichters ein an=
deres, eigenartigeres Werk. Ernst und beharrlich sann La=
vater von je den bedeutendsten Fragen des Christentums
nach. Zunächst fern von der Absicht, die Ergebnisse, zu
denen er etwa gelangen würde, durch den Druck zu ver=
öffentlichen, teilte er die Zweifel, die sein Herz bekümmer=
ten, den Freunden mit, um im brieflichen Verkehr mit ihnen
Rat und Aufschluß zu finden. Auf solche Weise entstan=
den die vielgelesenen und oft aufgelegten und nachgedruckten
„Aussichten in die Ewigkeit, in Briefen an Herrn
Johann George Zimmermann, kgl. großbritannischen
Leibarzt in Hannover“. Drei Bände erschienen davon 1768
bis 1773; einen vierten Teil mit Zusätzen, Anmerkungen
und Berichtigungen ließ der Verfasser 1778 als Antwort
auf zahlreiche Recensionen und Privatbriefe über die ersten
Bände folgen.

Auch zu diesem Werke gieng die ursprüngliche Anregung
von der Poesie aus. Eine edle Dame bat den jungen
Zürcher Geistlichen 1765, er möchte ihr ein Lied von der
Seligkeit der verklärten Christen aufsetzen. Die Arbeit wuchs
dem Dichter unter den Händen über seine anfänglichen In=
tentionen hinaus. Seine Imagination riß ihn zu Gedanken
und Wendungen fort, die für den einfältigen Liederton nicht
mehr paßten. Aber auch die Form einer Ode im Stil von
Cramers schwungreichen geistlichen Gedichten genügte ihm
nicht: er erkannte die Unmöglichkeit, ein Ganzes in dieser
Form hervorzubringen. Kundige Freunde, besonders der als
Historiker, Dichter und Uebersetzer hervorragende Berner
Vincenz Bernhard von Tscharner, rieten, die einheit=
liche Kunstform überhaupt aufzugeben. So entschloß sich
denn Lavater, den stets mächtiger anschwellenden Stoff in
einem umfangreichen Gedichte zu erschöpfen, dessen Versart
je nach dem Charakter des Inhalts beständig wechseln sollte.
Einige Partien wurden entworfen in höherem Ton, als er
dem Poeten für gewöhnlich eigen war. Stellen daraus
teilte er 1766 im „Erinnerer“ mit und nahm sie 1785
unter dem Titel „Aussichten in die Zukunft, Fragmente
eines Fragments“ in die Sammlung seiner „vermischten
gereimten Gedichte“ auf. Aber das Schwanken in der

Wahl der Form und die Absicht, über mehrere der wichtigsten Punkte des Inhaltes erst die Meinung der Freunde zu vernehmen, ließ ihn nicht dazu kommen, daß er das Gedicht weiter ausführte. Der Gedanke daran beschäftigte ihn aber unablässig und wich namentlich seit dem März 1768, als ihm Felix Heß durch den Tod entrissen wurde, nicht mehr von seiner Seele. So sprach er sich denn über den Plan seiner Dichtung seit dem 1. Juni 1768 eingehend in Briefen an Zimmermann aus, welcher eben damals, nach Hannover berufen, aus der Nähe des Freundes geschieden war.

Form und Inhalt des geplanten Werkes forderten gleichermaßen zu umfassenden Erörterungen heraus. Jetzt zweifelte Lavater sogar, ob er sein Gedicht überhaupt in Versen und nicht vielmehr ganz oder teilweise nur in rhythmischer Prosa abfassen solle. Seine Vermutungen über das zukünftige Leben knüpfte er an die Aussprüche der heiligen Schrift an und baute sie auf durchaus christlichem Fundamente auf. Den Glauben an unsre eigene Unsterblichkeit begründete er erst durch den Glauben an die Person Christi. Die Uebung in diesem Glauben an die göttliche Offenbarung galt ihm als die vorzüglichste Vorbereitung auf das künftige Leben. Im Einklang mit den biblischen Nachrichten faßte er seine Erwartungen von dem Leben nach dem Tode dahin zusammen, „daß die innere Beschaffenheit unsers Geistes in dem zukünftigen ewigen Leben eine natürliche, unmittelbare Folge seiner Beschaffenheit in dem gegenwärtigen und alles das Positive, das bei der Seligkeit der guten und bei dem Elende der lasterhaften Seelen statt haben wird, allemal in einem Verhältnis mit unserm natürlichen moralischen Zustande sein werde". Die Wonne des Seligen werde also darin bestehen, daß er „so viel intellectuelle, physische und politische Kräfte hat als moralische, daß er so viel Gutes tun kann, als er will". Der Verdammte hingegen werde sein Wollen, das dem Wollen Gottes widerstrebt, sein Verlangen, Böses zu tun, sein Verlangen nach gleicher Macht und Herrlichkeit, wie die Auserwählten besitzen, zu seiner Qual in Ewigkeit nie erfüllt sehen.

Allein diese großen Grundzüge vermochte Lavater nicht rein durchzuführen. Gerade, weil er hier sein Thema sorgfältiger und weniger fragmentarisch behandelte, als er sonst pflegte, ward er öfter auf Abwege verlockt. Denn nun wollte

er über das zukünftige Leben, über die Zeit und Reihenfolge
der Auferstehung und des Weltgerichts, über die Beschäfti=
gung, die Sprache und die übrigen sinnlichen wie geistigen
Fähigkeiten der Seligen noch so manches Besondere sagen,
und in diesem Bemühen verlor er sich nur zu oft völlig in
die Abgründe der Mystik. Jeder Boden schwand ihm hier
unter den Füßen. Dichter, wie Klopstock, die ihrer Phantasie
einen unbegrenzten Spielraum eröffneten, wurden seine Ge=
währsmänner. Ja bis zu lächerlichen Absurditäten verleite=
ten ihn diese Ausschweifungen der Einbildungskraft. Er
konnte im Ernst Fragen untersuchen und bejahen wie die,
ob wir im künftigen Leben Geschmack und Geruch besitzen,
oder ob auch die Embryonen und selbst die unzähligen Mil=
lionen Menschenkeime, die unbefruchtet geblieben, auferstehen
werden. Um seine Vermutungen zu erklären und zu ver=
teidigen, bediente er sich mit Vorliebe der Mathematik. Aber
welche Wissenschaft er immer zu Hilfe rufen und wie exact
er auch bei ihrer Benützung verfahren mochte, die Zwecke,
zu denen er sie gebrauchte, waren, wenn nicht durchweg,
doch meistens unwissenschaftlich. Freilich versäumte er selber
nie hervorzuheben, daß er bloße Vermutungen und zwar für
einen Freund niederschrieb. Aber doch bat er seine Leser,
sie möchten ihm ihre Bedenken und Ratschläge gleichsam wie
private Recensionen seines Werkes mitteilen. Der Bitte
wurde fleißig Gehör gegeben. Lavater sah sich zuletzt gar
genötigt, in verschiednen größeren Städten Freunde mit
der Entgegennahme jener Einwürfe und Anfragen zu be=
trauen (darunter Klopstock in Hamburg). Zwar wurden zahl=
reiche Stimmen gegen den Autor und seine Ansichten laut;
doch wurde das Buch außerordentlich rasch verbreitet. Selbst
die Weitschweifigkeit, an der namentlich die beiden ersten
Bände litten, schreckte die Leser nicht ab. Hingegen trug es
nicht wenig zu dem Erfolge bei, daß der Name des welt=
männisch gebildeten Zimmermann in einen so innigen Zu=
sammenhang mit dem Werke gebracht war.

Besonders unter dem Einfluß einer französischen Schrift
hatte Lavater sich seine Ansichten vom Leben nach dem Tode
geformt. Es war Charles Bonnets „palingénésie philo=
sophique ou idées sur l'état passé et sur l'état futur des
êtres vivants" (Genf 1769). Lavater hielt das Buch doppelt
wert, weil es ihm zugleich die beste philosophische Unter=
suchung der Beweise für das Christentum zu bieten schien.

Er entschloß sich daher, es in seine Muttersprache zu übertragen und mit Anmerkungen zu versehen (zwei Teile,
Zürich 1769 1770). Von der Stärke der Bonnet'schen
Argumente war er so innig überzeugt, daß er den zweiten
Teil seiner Uebersetzung Moses Mendelssohn zueignete
und in den verehrungsvollen Widmungsworten diesen bei
dem Gott der Wahrheit beschwor, Bonnets Beweise öffentlich zu widerlegen oder zu tun, „was Sokrates getan hätte,
wenn er diese Schrift gelesen und unwiderleglich gefunden
hätte". Lavaters Tat entsprang aus einer wohlmeinenden,
aber beschränkten Denkweise. Unfaßlich war ihm Mendelssohns philosophische Gleichgültigkeit gegen die Unterschiede
der einzelnen Confessionen, die ihn zwar bei seiner von den
Vätern ererbten Religion verharren, aber nimmermehr eine
andere specielle Glaubensform annehmen ließ. Vor allem
aber war Lavaters Vorgeben als übereilt zu tadeln. Denn
er bedachte nicht, in welch mißliche Lage er den jüdischen
Gelehrten brachte, dem es die socialen und literarischen Verhältnisse der Zeit nahezu unmöglich machten, die Grundsätze
seiner nur geduldeten Secte gegenüber den Dogmen des
herrschenden Christentums zu verteidigen. Mendelssohn
begnügte sich auch, aus diesen Gründen Lavaters Ansinnen
überhaupt abzuwehren. Peinlich war es ihm, daß man ihn
offen vor aller Welt herausgefordert hatte. Doch stimmte
die wohlwollende Absicht sein Urteil zur Milde. Als nun
auch Lavater privatim und öffentlich seine Uebereilung zu-
gestand und zwar nicht seine sittliche Berechtigung zu dem
Schritte, den er getan, wohl aber die Form seines Verfahrens preisgab, schloß Moses in edelmütiger, persönlich
liebenswürdiger Weise diesen öffentlichen Briefwechsel ab.
Das Urteil der Zeitgenossen hatte er auf seiner Seite.
Freunde und Feinde, ja Bonnet selbst, erklärten sich gegen
Lavaters Vorgeben. Auch an plumpen und sogar unredlichen
Angriffen auf diesen fehlte es nicht. Die jenaische gelehrte
Zeitung brachte einen lateinischen Auszug des Reisejournals,
welches Lavater vorgeblich über seine erste Bekanntschaft mit
Mendelssohn (1763) angefertigt haben sollte. Als jener
vollends im März 1771 die Festpredigt bei der Taufe zweier
deutscher Juden in Zürich hielt, rief er Lichtenberg, seiner
ganzen natürlichen Anlage nach Lavaters geistigen Antipo-
den, gegen sich auf den Schauplatz. Derselbe gab anonym
seine erste, derbe Spottschrift, die den Züricher Diaconus

aber wenig traf, zum Druck, „Timorus, das ist Verteidi=
gung zweier Israeliten, die, durch die Kräftigkeit der Lava=
terischen Beweisgründe und der göttingischen Mettwürste
bewogen, den wahren Glauben angenommen haben" (Ber=
lin 1773).

Beinahe noch mehr Aufsehen erregte eine andere theo=
logische Schrift Lavaters. In den Jahren 1767 und 1768
hatte er durch vergleichendes Studium der einschlägigen
Stellen des neuen Testamentes sich eine bestimmte Ansicht
darüber gebildet, was die Schrift in Wirklichkeit von der
Kraft des Glaubens und Gebetes und von den Gaben des
heiligen Geistes lehre. Er hatte sich überzeugt, daß die
augenscheinlichen Wunderkräfte, welche dort den Gläubigen
verheißen werden und durch welche ihre Aehnlichkeit mit
Christus offenbar werden soll, keineswegs auf gewisse Per=
sonen, Umstände oder Zeiten eingeschränkt seien. Vielmehr
stimmten die biblischen Autoren darin überein, daß es mög=
lich, ja daß es die Bestimmung des Menschen sei, „in einer
eigentlichen und unmittelbaren Gemeinschaft mit der Gott=
heit zu stehen". Brieflich beriet sich Lavater mit Resewitz,
Basedow und andern gelehrten Theologen, ob seine Exe=
gese der entscheidenden Bibelstellen richtig sei. Er gieng noch
weiter. Im Jahre 1769 legte er sein Bedenken in drei
Fragen aus einander, ließ dieselben drucken und sandte sie
an die ihm persönlich oder literarisch bekannten Theologen.
Zahlreiche, oft umfassende Antworten liefen ein; kaum Eine
befriedigte ihn ganz: die wenigsten Briefsteller hatten sich zu
einer rein exegetischen Erörterung der Sache verstehen wollen.
Lavater sah sich veranlaßt, seine Anfrage zu wiederholen.
Noch das erste Bändchen seiner „vermischten Schriften"
(Winterthur 1774) brachte einen neuen Aufruf an die „Mit=
forscher der Wahrheit" in Form einer ausführlichen Erklä=
rung, „meine eigentliche Meinung von der Schriftlehre in
Ansehung der Kraft des Glaubens, des Gebetes und der
Gaben des heiligen Geistes".

Der Aufsatz rief mehrfache Gegenschriften hervor. Im
Vergleich mit ihm blieben die übrigen Stücke der „ver=
mischten Schriften" fast unbeachtet. Auch sie waren meist
schon in früheren Jahren entstanden. Der erste Band der
Sammlung enthielt noch den „Entwurf zu einer einfältigen
Form, das heilige Abendmahl auf eine christliche und ge=
segnete Weise zu halten, vornehmlich für kleine Gemeinden",

mehrere poetische Versuche epischer wie lyrischer Art, namentlich aber das „Denkmal auf Felix Heß". Mit liebevoller Sorgfalt schilderte Lavater das Leben und Wirken des früh geschiedenen Jugendgenossen. Aus den vielen Briefen des Verstorbenen, die er seiner Darstellung einreihte, trat dem Leser gewinnend der einfältige, fromme und redliche Charakter seines Freundes entgegen. Der zweite Band der „vermischten Schriften", erst 1781 durch das langjährige Drängen des Verlegers dem Autor abgenötigt, brachte Stücke und Auszüge aus Briefen, Predigten und kleineren Aufsätzen Lavaters, deren Auswahl und Anordnung auf seinen Wunsch ein Freund geschickt unternommen hatte.

Ein Jahr nach dem Tode Heß' hatte Lavaters Feder wieder das Lob eines kürzlich verstorbenen Züricher Geistlichen zu verzeichnen. Vielleicht im Auftrag seiner Vorgesetzten verfaßte er 1769 die kurze Lebensbeschreibung des Züricher Antistes und Pfarrers zum großen Münster Johann Konrad Wirz (1688—1769). Daran schloß sich 1771 seine „historische Lobrede auf Johann Jakob Breitinger, ehemaligen Vorsteher der Kirche zu Zürich". Schon 1764 hatte er in lateinischer Sprache verschiedene Orationen auf den berühmten Antistes des siebzehnten Jahrhunderts (1575—1645) gehalten. Um ihnen eine weitere Verbreitung zu sichern, arbeitete er sie 1770 in deutscher Sprache um, ohne aber den rhetorischen, der ruhigen geschichtlichen Erzählung fremden Ton des ursprünglichen Entwurfes zu ändern. Wo er den edlen, offenen, pflichttreuen Charakter des alten Kirchenmannes zu zeichnen hatte, ward seine Darstellung fremder Vorzüge nicht selten unvermerkt zur Schilderung des eignen Wesens.

Ein anderes, unvergleichlich getreueres Selbstportrait Lavaters erschien in denselben Tagen, zunächst ohne sein Wissen und Wollen. Er hatte im Jahr 1770 verschiedene Stücke aus seinem Tagebuch von 1768 zusammengestellt und in allen Details so ausgearbeitet, daß er glauben konnte, durch vertraute Mitteilung derselben an Freunde Nutzen zu stiften. Einer dieser Freunde veränderte nun die äußeren Daten des Textes so weit, als er es für nötig hielt, um den Verfasser unkenntlich zu machen, und sandte das so umgewandelte Manuscript an den Schweizer Theologen Zollikofer in Leipzig, der dasselbe ohne viel Bedenken zum Druck beförderte. So erschien Anfangs 1771 anonym der erste Teil des „geheimen Tagebuchs, von einem Beobachter seiner selbst". Trotz aller Verkleidungen des Tatsächlichen blieb Lavaters Autorschaft nicht lange ein Geheimnis. Er bekannte sich daher bald zu der Schrift und ließ 1773 einen zweiten Teil nebst einem Schreiben an den Herausgeber folgen, diesmal echte, unverstellte Fragmente seines Tagebuchs vom November 1772 bis in den Juni 1773. An Lesern mangelte es dem Werke nicht; schon 1772 mußte eines Nachdrucks halber eine zweite Auflage des ersten Teils veranstaltet werden. Auch Nachahmer stellten sich bald ein. Es wurde eine Zeit lang wieder Mode, moralische Tagebücher zu halten. Aber so groß das Aufsehen war, welches das Buch machte, so verschiedenartig fielen die Urteile des Publicums darüber aus. Man warf dem Autor übertriebene Strenge und Aengstlichkeit, ja Schwärmerei vor. Man vergaß, daß Lavater nur Beobachtungen seiner selbst, nicht Vorschriften für andre dargeboten hatte. Allerdings hatte der Verfasser hier viele kleine und kleinliche Züge seines Charakters und seines Lebens zwar mit schlichten Worten, doch umständlich in ermüdender Breite verzeichnet. Aber durch das Ganze webte erfrischend der Geist ungeheuchelter Wahrheit. Lavaters Vorsatz war fest dahin bestimmt, alles, was er erlebte, dachte und empfand, so genau niederzuschreiben, als wenn er Gott selbst sein Tagebuch vorlesen müßte, so genau, daß er einst auf seinem Sterbelager nach diesen Urkunden eine Rechnung über sein Leben machen könnte, die der Rechnung des ewigen Richters gleich wäre. Das verlieh dem Buche seinen auszeichnenden Wert. Es war eine offene, ungeschminkte Selbstkritik zu einer Zeit, in der man es liebte, sich und seine Freunde idealisiert im Schmuck poetischer Gewänder dem Publicum vorzuführen. Es war ein Zeugnis unablässiger Selbstprüfung und Selbstanklage vor Gott in einer Periode, wo der Mann von aufgeklärter Bildung religiös-christliches Empfinden und Denken von seinem Lebensgang so fern als möglich zu halten trachtete.

Noch einseitiger und schärfer trat der letztere Zug in einer kleinen Broschüre hervor, "Nachdenken über mich selbst" betitelt, welche Lavater 1770 entwarf und im folgenden Jahre drucken ließ, um durch das unumwundene Bekenntnis der eignen Sündhaftigkeit und Schwäche ähnliche Gefühle in andern christlichen Gemütern zu erwecken.

Die ängstliche Sorgfalt, mit welcher Lavater an seiner eignen Person den geheimsten Regungen des menschlichen Geistes und Herzens nachforschte, übertrug er zur gleichen Zeit auf sein Studium des menschlichen Körpers. Immer hatte er einen Hang zum Zeichnen, namentlich von Portraits, in sich wahrgenommen und gepflegt. An natürlichem Geschick fehlte es ihm dabei nicht, wohl aber an Geduld und Ausdauer. Allmählich während dieser Beschäftigung stieg ihm der Gedanke auf an einen tieferen Zusammenhang zwischen den äußeren Formen und dem inneren Wesen des Charakters. Zimmermann, dem er davon Nachricht gab, bestärkte ihn in diesen Ideen; äußere Erfahrungen schienen sie zu bestätigen. So ließ sich Lavater immer tiefer in die physiognomische Wissenschaft ein. Eine Abhandlung darüber, die er in der naturforschenden Gesellschaft in Zürich vorlas, gelangte ohne sein Wissen in die Hände Zimmermanns. Dieser brachte sie sogleich im „hannöver'schen Magazin" vom Februar 1772 zum Abdruck und ließ sie unmittelbar darauf selbständig zu Leipzig erscheinen („von der Physiognomik").

Die gesammten Anschauungen Lavaters von der Physiognomik, die er später in umfangreichen Bänden darlegte und illustrierte, waren im Keim bereits in jenem dünnen Büchlein enthalten. Auf Erkenntnis der Natur als eines vollkommenen Gefäßes und Abbildes des göttlichen Geistes war überhaupt das Streben der Zeit gerichtet. Im Einklang damit gieng Lavater von dem philosophischen Grundsatz aus, „daß jedes Ding in der Welt eine äußere und innere Seite habe, welche in einer genauen Beziehung gegen einander stehen". Indem er diesen allgemeinen Satz auf den Menschen speciell anwandte, ergab sich ihm der Schluß, daß die Physiognomie des Menschen, das ist „sein ganzes Aeußerliches, in so fern es an seinem Körper haftet", nicht willkürlich oder bloß zufällig, sondern daß alles Große und Kleine an dem menschlichen Körper bedeutend sei, daß man also wirklich den Charakter des Menschen im weitläufigsten Verstande aus seinem Aeußerlichen erkennen könne. Entschieden protestierte er gegen die „abgeschmackte, sein sollende Kunst", kraft deren Toren oder Betrüger vorgeben, die speciellen und individuellen Schicksale des Menschen aus einzelnen Körperteilen voraussagen zu können. Aber eben so sicher war er von der Untrüglichkeit und dem Nutzen der echten, wissenschaftlichen Physio-

gnomik überzeugt. Die allgemeinen Grundregeln der letzteren
glaubte er durch fortgesetztes Beobachten und Vergleichen
von lebenden Menschen wie von Gemälden zu finden. Das
Ideal eines Physiognomisten aber, dem die Geheimnisse dieser
Wissenschaft sich völlig enträtseln, wuchs ihm mit dem Ideal
des Menschen überhaupt zusammen. Nur wer mit einem
wohl organisierten Körper, einem feinen Beobachtungsgeist,
einer lebhaften Phantasie, mit technischen Fertigkeiten in der
bildenden Kunst und gründlichen Kenntnissen der Natur
und des Lebens ein sanftes, heiteres, unschuldiges, von
menschenfeindlichen Leidenschaften freies Herz verbindet, schien
ihm dazu fähig und würdig. Denn er erwartete von dem
richtigen Gebrauch der neuen, aus der Physiognomik strömen=
den Erkenntnis vornehmlich sittlichen, ja selbst religiösen
Vorteil für die Menschheit.

　　Jenem ersten Vortrag vor der naturforschenden Gesell=
schaft in Zürich ließ Lavater nach wenigen Monaten einen
zweiten folgen. Diesen beförderte er nun selbst im Juli 1772
zum Druck, angeblich um sich die Sache vom Hals zu schaffen.
Den besonderen Titel dieses zweiten Stücks, „Einleitung
zum Plan der Physiognomik", erklärte er in den Eingangs=
worten dahin, daß er nur „ein Skelett zu einem Entwurf
einer Physiognomik" liefere, ein rasch hingezeichnetes, selbst
als Entwurf nicht reif ausgearbeitetes Schema von den
wichtigsten Capiteln und Abschnitten der neuen Wissenschaft,
durchaus unfertig, zum Teil mangelhaft und voller Lücken
und Unebenheiten in der Anlage. Dennoch bewies der Auf=
satz zugleich, daß Lavater bei seinen physiognomischen Studien
nichts außer Acht ließ, was am Menschen ist oder in irgend=
welcher Beziehung zu ihm steht (wie die Verhältnisse der
Religion, des Standes, der Nationalität u. s. w.), nichts,
was er im wachenden oder schlafenden Zustande tut. Auch
hier vereinigten sich seine religiösen und seine naturphilo=
sophischen Bestrebungen: als das Ideal der Physiognomik
erschien ihm ein Gemälde „des vollkommensten Menschen
oder Jesu Christi".

　　Lavater hatte sich getäuscht, wenn er glaubte, mit
diesem flüchtigen Entwurfe vor weiteren physiognomischen
Forschungen gesichert zu sein. Sein Interesse blieb viel=
mehr dauernd denselben zugewandt und wurde durch äußere
Vorgänge seines Lebens noch mächtiger zu ihnen hingezogen.
Um von einem Gefahr drohenden Brusthusten Heilung zu

finden, unternahm er auf Zimmermanns Rat im Juni
1774 eine Reise nach dem Bad Ems. Seine Fahrt glich
einem Triumphzuge. An den fürstlichen Höfen, namentlich
in Karlsruhe, wurde er mit Achtung und Auszeichnung aufgenommen, von den christlich Frommen im Volke mit Ent-
zücken begrüßt, von allen Redlichen mit herzlicher Verehrung
empfangen. So gelangte er lehrend, predigend und im
Verkehr mit neuen Menschen lernend den Oberrhein abwärts
an das Ziel seiner Wanderung. Wie einst auf seiner ersten
Reise nach dem Norden, so suchte er auch jetzt überall die
persönliche Bekanntschaft bedeutender Männer. Mit Iselin
verlebte er in Basel, mit Pfeffel in Colmar, mit Lenz in
Straßburg glückliche Stunden. Goethe, mit dem er schon
einige Briefe gewechselt hatte, kam ihm in Frankfurt auf
das herzlichste entgegen. Dem „unaussprechlich süßen" Auf-
tritt der ersten Umarmung folgten noch schönere Tage. Den
höchsten Angelegenheiten des menschlichen Lebens galten ihre
Gespräche. Die verschiedene Natur der Geister verhinderte
in vielen bedeutsamen Fragen eine Einigung der Ansichten;
doch duldete jeder in herzlicher Liebe den andern und freute
sich bewundernd des einzigartigen Menschen, dessen stän-
digen Verkehr und Unterricht er jetzt genoß. Lavater verehrte in Goethe „ein Genie ohne seines Gleichen, das in
allem excelliert, was es anfängt". Goethe aber (der seinem
Schweizer Gaste Freunde und Freundinnen zuführte, gleich-
viel ob sie geistlich oder weltlich gesinnt waren, Merck so
gut wie Fräulein von Klettenberg) ward von Lavaters
Wesen und Charakter so angezogen, daß er sich erst in Ems
von ihm trennte. Aber schon nach wenigen Wochen eilte
er mit Basedow zu ihm zurück, um im Verein mit beiden
eine Rheinreise zu unternehmen, die sie bis nach Düsseldorf
in die Arme Jung-Stillings führte. Von da ward der
Rückweg angetreten. Wieder drängten sich Teilnehmende
und Neugierige aller Orten Lavater entgegen. Karl Friedrich Freiherr von Moser und Merck verschönten ihm
den Aufenthalt zu Darmstadt. Mit Ehren überhäuften ihn
namentlich die Bewohner der schwäbischen Städte. In der
Mitte des August kehrte er in den Schoß seiner Familie
zurück.

Mannigfachen Gewinn trug Lavater von dieser Reise
davon. Am ersichtlichsten war der unmittelbare Vorteil,
den er für seine physiognomischen Studien aus dem Besuch

zahlreicher Gemäldegallerien und aus der Bekanntschaft mit
so vielen ihm neuen und meist bedeutenden Menschen zog.
Mit frischen Kräften wurde die Arbeit nach der Rückkehr
wieder aufgegriffen. Seit etwa einem Jahre hatte er begonnen, noch systematischer und eifriger als zuvor seine
physiognomischen Beobachtungen und Erfahrungen zu sammeln. Einzelne Freunde unterstützten ihn; Versuche von
Zeichnungen aller Art wurden für ihn nah und fern von
hervorragenden und mittelmäßigen Künstlern gemacht. Nun
gieng es rasch an den Druck des großartig angelegten Werkes,
und im Frühling 1775 erschien, dem Markgrafen Karl Friedrich zu Baden gewidmet, der „erste Versuch" der „physiognomischen Fragmente zur Beförderung der Menschenkenntnis
und Menschenliebe", ein ansehnlicher Quartband, prachtvoll
ausgestattet, mit vielen, zum Teil vortrefflichen Kupfern
geziert. Künstler wie Chodowiecki und Lips lieferten Zeichnungen dazu. Zwei Buchhändlerfirmen zu Leipzig und Winterthur, dort Weidmanns Erben und Reich, hier Heinrich
Steiner und Compagnie, vereinigten sich zu dem überaus
kostspieligen Unternehmen. Die Freunde in Deutschland, allen
andern voran Zimmermann, sammelten Subscribenten.
Rasch, seinen Anhängern mitunter zu rasch, setzte Lavater
die Publication, nachdem sie einmal begonnen war, fort.
Schon im Februar 1776 erschien ein „zweiter Versuch", an
Umfang und Inhalt dem ersten nicht nachstehend, der jungen
Herzogin von Weimar, Luise Prinzessin von Hessen-Darm-
stadt, zugeeignet. Zwei weitere Bände, die in den beiden
folgenden Jahren herauskamen, schlossen das Werk ab. Zwar
bot die Fülle seiner Einzelbeobachtungen dem Verfasser noch
hinlänglich Stoff für mehrere Bände. Doch hatte ihn endlich
Zimmermanns energische Einsprache vermocht, von denselben nur diejenigen herauszugreifen, aus denen sich bestimmte allgemeinere Resultate zu ergeben schienen.

Ueber das, was in den beiden vorbereitenden Abhandlungen über Physiognomik gesagt war, gieng namentlich der
erste Band des großen Werkes im wesentlichen nicht hinaus.
Lavater wies die dort verkündigten Theorien hier nur an
zahlreichen praktischen Beispielen nach. Hier wie dort kam
es ihm hauptsächlich darauf an, zu zeigen, „daß es eine
Physiognomie gibt, daß die Physiognomie Wahrheit, das ist
daß sie wahrer, sichtbarer Ausdruck innerer, an sich selbst
unsichtbarer Eigenschaften ist". Und ferner wollte er dar-

tun, daß die Physiognomik wissenschaftlich betrieben werden
kann „so gut als alle unmathematischen Wissenschaften". Um
dies zu beweisen, verfuhr er ebenso wie in dem kleineren
Aufsatze. Aeußerst vorsichtig gieng er dabei zu Werke. Keine
der Möglichkeiten, wodurch Ausnahmen scheinbar entstehen,
vergaß er; alle suchte er zu erklären. Und so waren schließ=
lich die beiden vornehmsten Sätze, zu denen er gelangte, so
maßvoll eingeschränkt, wie er sie aufstellte, schwer anzutasten:
die Schönheit und Häßlichkeit des Angesichts hat ein richti=
ges und genaues Verhältnis zur Schönheit und Häßlichkeit
der moralischen Beschaffenheit des Menschen; und: es besteht
Harmonie zwischen den geerbten Zügen und Bildungen des
Gesichts und den geerbten moralischen Dispositionen.

Lavater unterschätzte keineswegs die besonderen Schwierig=
keiten der physiognomischen Erkenntnis. Oft deuten wenige,
unscheinbare Merkmale, die überdies nur von augenblicklicher
Dauer sind, die man nur fühlen, aber nicht sehen, nur
empfinden, aber nicht ausdrücken kann, wichtige Unterschiede
des Geistes und Charakters an. „Das Wesen jedes organi=
schen Körpers ist an sich selbst unsichtbare Kraft, das ist
Geist . . . . Und den Geist siehet die Welt nicht und kennet
ihn nicht." Darum war er auch des Tadels und Spottes
ruhig gewärtig und gegen beide gleichermaßen gewappnet.
Der Einwurf, es zieme ihm, dem Theologen, das physio=
gnomische Studium schlecht, wurde von Anfang an hinfällig
durch die wahrhaft humane, ja religiöse Endabsicht, die er
mit diesem Studium verband. Auch hier, wie in dem früher
ausgegebenen Büchlein, bezeichnete er es als den Zweck seiner
Arbeit, daß der Leser daraus lerne, sich und seinen Neben=
menschen und den Schöpfer von beiden besser zu kennen, sich
inniger seines Daseins zu freuen und mehr Achtung für die
menschliche Natur, mehr heilsames Mitleiden mit ihrem Ver=
falle, mehr Liebe zu einzelnen Menschen, mehr ehrfurchts=
volle Freude an dem Urheber und Urbilde aller Vollkommen=
heit in sich zu erwecken. Durch Titel und Motto („Gott
schuf den Menschen sich zum Bilde") deutete er diese Ten=
denz seines Werkes an. In diesem Sinn eröffnete er sein
Buch mit einem größeren Stücke aus Herders „ältester Ur=
kunde des Menschengeschlechts". So erblickte er als echter
Philanthrop seine Aufgabe darin, mehr die Vollkommen=
heiten und Schönheiten als die Häßlichkeiten und Fehler der
menschlichen Natur aufzusuchen. Die wissenschaftliche Be=

deutung und Geltung der Physiognomik sicherte und hob er,
indem er, wie einst in dem vorbereitenden Schema, den Be=
griff derselben im universellsten Sinn faßte. Gegen den Miß=
brauch derselben im Dienst einer weissagenden Stirndeutung
oder Chiromantie eiferte er nach wie vor. Unendlich beschei=
den urteilte er von seinen eignen physiognomischen Fähig=
keiten. Aber gerade in der Schwäche derselben sah er einen
Beweis für die Evidenz und allgemeine Leichtigkeit seiner
Lehre. Ueberdies stützte er noch diese zuversichtliche Ueber=
zeugung durch Aussprüche der größten Autoritäten alter und
neuer Zeit.

Goethe nahm den innigsten Anteil an dem Werke.
Durch seine Hand gieng das ganze Manuscript, bevor es in
die Druckerei wanderte. Er hatte das Recht zu tilgen, zu
ändern und einzuschalten, was ihm beliebte, und machte da=
von namentlich bei der ersten Hälfte der Fragmente einen
mäßigen Gebrauch. Mehrere Stücke des „ersten Versuchs“,
die vornehmlich den Beifall der Leser fanden, rührten fast
ganz von ihm her; sein „Lied eines physiognomischen Zeich=
ners“ bildete den Beschluß des ersten Bandes.

In den drei späteren „Versuchen“ führte Lavater weiter
aus, was er im ersten gesagt hatte, antwortete auf kritische
Einwände, die man ihm gemacht hatte, und bestätigte seine
Lehre durch eine Fülle neuer Beispiele. Allmählich kehrte er
auch die unmittelbar praktische Seite des Unternehmens mehr
hervor. Fingerzeige und Winke wurden jetzt für den bilden=
den Künstler, für den Portraitmaler eingestreut. Bisweilen
— und gegen den Schluß immer häufiger — fanden sich
sogar Ansätze zu bestimmten physiognomischen Regeln. Weiter
und weiter dehnte er seine Untersuchung aus. Auch Tier=
schädel aller Art betrachtete er nun, um auf inductivem Wege
den Satz zu erweisen, daß die ganze Natur „lauter Wahr=
heit, Offenbarung“ ist. Im vierten Bande musterte er kri=
tisch in kurzer Uebersicht die früheren Schriften zur Physio=
gnomik, die ihm bekannt waren. Man konnte daraus klar
erkennen, wie sehr Lavater in allen wesentlichen Fragen dieser
Wissenschaft der Anfänger und Begründer war. Dennoch
war er sich der Unvollständigkeit seiner Arbeit wohl bewußt.
Ausdrücklich erinnerte er in den Schlußworten des letzten
Bandes daran, daß er nur Fragmente versprochen und nicht
mehr als solche geliefert hatte. Zu einem systematisch ab=
geschlossenen Lehrgebäude ließen ihn die täglich neu hinzu=

tretenden Beobachtungen nicht kommen; denn „keine andere
Zeit meines Lebens war zu diesem Unternehmen bequem als
gerade diese". Auch die Mitarbeiterschaft so mancher Zeich-
ner und Kupferstecher gestattete nicht, einen methodischen
Plan streng durchzuführen. Andere Schranken hatte der
Verfasser, der überall nur von der Empirie ausgieng und
der nötigen wissenschaftlichen Vorkenntnisse fast ganz er-
mangelte, sich selbst setzen müssen. „Das Innere der Physiognomik habe ich mich mit keinem Worte zu berühren vermessen wollen. Ich habe eine Menge Fragen, deren Be-
antwortung man hier suchen wird, unbeantwortet und bei-
nah' unberührt gelassen . . . Ich schrieb bloß als Beobachter,
Erfahrer, Empfinder. Was ich nicht wußte, erfuhr, ahndete,
war nicht in meinem Kreise. Und was ·die Urgründe der
Physiognomik betrifft — ich bescheide mich gern, nichts davon
zu wissen. Beinahe überall bin ich der speculativen Meta-
physik abgestorben. Reduction des Unbekannten auf's Bekannte, Aufsuchung dessen, was wirkt, in der Wirkung, ohne
die innere Natur des Wirkers und der Wirkung erforschen
zu wollen — siehe da meine Philosophie, die 's immer mehr
bleiben wird, je mehr mir Gott die Erhabenheit und die Be-
schränktheit der menschlichen Natur offenbaren wird." So
betrachtete Lavater selbst diese „Fragmente" nur als den
Anfang eines Werkes, dessen Ende unmöglich sei. Einen
Plan einer vollständigen Physiognomik hoffte er „mit Gottes
Willen und Hilfe auch noch einmal zu entwerfen". Mehrfach wies er auf eine andere Arbeit hin, die nur einen Teil
des unermeßlichen Gebietes eingehender untersuchen sollte,
die „physiognomischen Linien". Das Brauchbarste von dem
überreichen Material, das ihm von allen Seiten für die
„Fragmente" zugeschickt, darin aber nicht benützt worden war,
sollte dort Verwendung finden.

Der ehemalige Schüler Bodmers und Breitingers,
der in den Schweizer Kunstanschauungen aufgewachsen war,
verleugnete sich auch in dieser Seite von Lavaters Tätigkeit
nicht. Als solchen erwies ihn unter anderem die moralisch-
religiöse Tendenz seines physiognomischen Studiums, die Begeisterung, mit der er Klopstock pries und aus ihm citierte, die
Achtung, mit der er von Bodmer, Breitinger, Haller,
Geßner sprach, die Vorliebe, mit der er sich auf Sulzer berief. Daneben aber zeigten die „Fragmente" nicht minder den
Freund Zimmermanns, den Verehrer Mendelsohns,

der mit offnem Geiste der Entwicklung der deutschen Popular=
philosophie gefolgt war, den Bewunderer der Antike und der
italienischen Renaissance, der an Winckelmanns Schriften
sein kunstgeschichtliches Wissen und seinen künstlerischen Sinn
gebildet hatte. Vor allem jedoch den Autor der Sturm= und
Drangperiode, der mit den Führern der literarischen Revolu=
tion in Deutschland durch das Band inniger Freundschaft
verknüpft war. Den letzteren verrieten die vorzüglichsten
Grundideen seiner gesammten Physiognomik, die kühnen, fast
abenteuerlichen Hoffnungen, welche er von der Zukunft dieser
Wissenschaft hegte, namentlich seine große Anschauung von
der organischen Ganzheit und der unnachahmlichen Herrlich=
keit der Natur, die von keiner Kunst erreicht werden kann,
und seine damit zusammenhängende Auffassung des Dichters
und des Künstlers überhaupt als des Vermittlers zwischen
dem in Manier und Convenienz befangenen Menschen und
der ewigen Wahrheit der Natur — die Charakteristik wies
unverkennbar auf Goethe. Den Mann der Sturm= und
Drangperiode verriet desgleichen die stilistische Form der
Darstellung. Der fragmentarische, systematischer Bildung
abholde Charakter des gesammten Werkes, durchaus im Ge=
schmack der Stürmer, war auch der Behandlung des Ein=
zelnen, sogar dem sprachlichen Ausdruck aufgeprägt. Lavater
ergieng sich viel lieber in einem enthusiastischen und empfind=
samen Betrachten, als daß er an ein logisches Zergliedern
dachte — und dies war hauptsächlich der Grund, warum
die Wissenschaft der Zukunft aus seiner großen Arbeit einen
verhältnismäßig nur geringen Gewinn zog. Er wählte die
unmittelbarste und ungekünsteltste Redeweise, die in ihrer
volkstümlichen Einfalt am anschaulichsten und eindringlich=
sten den Gedanken aussprach. Seine Prosa war mit poeti=
schen Elementen reich durchtränkt, ja zuweilen von Gedichten
unterbrochen. Dann und wann kleideten dieselben zwar nur
physiognomische Lehren in metrische Form; gewöhnlich aber
schwangen sie sich zum begeisterten Flug der religiösen Ode auf.

Von den Zeitgenossen wurden die „Fragmente" ver=
schieden aufgenommen. Lavater selbst verwahrte sich aus=
drücklich gegen allgemeine, apodiktische Urteile, die sich nur
auf Einen, wenn auch noch so bedeutsamen Teil des Kopfes
gründeten, und drang überall auf vergleichende Untersuchung
des ganzen Körpers. Nicht so seine blinden Anhänger.
Ihnen genügte Ein Zug des Gesichts. Ihnen mangelte frei=

lich auch die immense Erfahrung Lavaters, der Jahre lang
an Lebenden und Toten, an Wachen und Schlafenden, an
Kindern und Greisen, in der Kirche, in der Schule, auf
Reisen, in Tollhäusern und Gefängnissen, an Gemälden und
Gypsabgüssen seine physiognomischen Studien gemacht hatte.
Ihnen mangelte ferner oft der sittlich-religiöse und namentlich der humane Sinn Lavaters, der mehr darauf ausgieng,
das Gute als die Schwächen seiner Mitmenschen zu entdecken.
Ihre übereilten und gehässigen Schlüsse und Fehlschlüsse
konnten nur dazu dienen, die Physiognomik, die kaum durch
die edelste Anstrengung zum Rang einer Wissenschaft er-
hoben worden war, neuerdings und jetzt mehr als zuvor der
Verachtung und dem Spotte preiszugeben. Auch die wissenschaftliche Polemik eines Lichtenberg, der sich selbst vielfach mit Physiognomik beschäftigt hatte („über Physiognomik
wider die Physiognomen, zur Beförderung der Menschenliebe
und Menschenkenntnis" im göttingischen Taschenkalender auf
das Jahr 1778), richtete sich zunächst gegen diese Stümper.
Zugleich aber brachte der göttingische Gelehrte auch gegen
die Hauptlehre Lavaters von der Möglichkeit einer wissenschaftlichen Physiognomik gewichtige Bedenken vor. Sie gaben
zu einer neuen literarischen Fehde Anlaß, die namentlich im
„deutschen Mercur", im „deutschen Museum" und andern
Zeitschriften ausgefochten wurde. Männer wie Mendelssohn, Zimmermann, Wieland waren darein als Ver-
teidiger und Gegner der Physiognomik verflochten. Bitterer als
Lichtenberg, der diesmal mehr mit den Waffen des Ernstes
kämpfte, verhöhnten Zürcher Gegner den Ideenflug ihres
Mitbürgers. Ihn machte unter andern Musäus in den
„physiognomischen Reisen" (1778—1779) zur Zielscheibe seiner meist heiteren Jronie, Klinger im „Faust" (1791) zum
Gegenstand seines beißenden Spottes. Aber durch die Polemik
ward der Einfluß von Lavaters Lehre nur verstärkt. Billigere
Auszüge aus dem kostspieligen großen Werke machten die neue
Wissenschaft auch den weniger Bemittelten zugänglich. Ueber-
tragungen in die meisten Sprachen Europas, namentlich eine
französische Uebersetzung, die von Lavater selbst revidiert und
mit bedeutenden Zusätzen vermehrt wurde (Paris 1806),
trugen sie erfolgreich weithin in's Ausland. Die ersten
Männer Deutschlands, Goethe, Herder, Hamann, be-
wunderten Lavaters physiognomisches Genie, und viele, die
er nicht oder nur halb überzeugen konnte, versagten wenig-

stens dem Werte, welches überall ungesucht weite und frucht=
bare Ausblicke auf alle geistigen Gebiete eröffnete, nicht ihren
Beifall.

Am 8. März 1778 dichtete Lavater in jubelnder Be=
geisterung die Schlußode für die „Fragmente". Seine physio=
gnomischen Studien aber überdauerten weit die Vollendung
des großen Unternehmens. Ununterbrochen ergänzte er seine
Sammlung von Bildern und Schattenrissen seiner Freunde.
Den meisten dieser Portraits setzte er seine physiognomischen
Urteile in hexametrischer Form bei. Den Gedanken, „physio=
gnomische Linien" zu schreiben, führte er nicht aus. Nur
einige flüchtige Notizen dazu zeichnete er sich auf. Dagegen
stellte er um 1790 für sich und seine nächsten Freunde hun=
dert physiognomische Regeln zusammen. Sie wurden zu=
gleich mit den unter seiner Aufsicht angefertigten illustrieren=
den Zeichnungen nach seinem Tod im fünften Bande der
nachgelassenen Schriften von seinem Schwiegersohn Georg
Geßner herausgegeben. Ohne eigentlich Neues zu bringen,
zog er hier die letzten praktischen Consequenzen gewisser all=
gemeiner Sätze aus den „Fragmenten". Hier war es ihm
durchaus darum zu tun, die besonderen Eigenschaften des
Geistes und Charakters aus den einzelnen Zügen und Be=
wegungen des Körpers zu bestimmen. Die Pfade der reinen
Theorie verließ er hier vollkommen und mit ihnen die sicheren
Schutzmauern, die ihn bisher am ersten gegen die Gefahr
des Irrtums geschirmt hatten.

Vielfach angeregt durch Lavater, setzte sein jüngerer
Zeitgenosse Johann Joseph Gall die Bestrebungen seines
Vorgängers fort. Auch er legte, wie Lavater, das Haupt=
gewicht auf die festen Teile des menschlichen Körpers, spe=
ciell des Kopfes. Während aber Lavater mit Recht sein
Augenmerk stets auf den ganzen Menschen und alles, was
an ihm ist, richtete, beschränkte Gall sich auf die Unter=
suchung des Schädels, dessen Bau allein ihm Aufschluß über
das gesammte geistige Wesen zu geben schien. Trotz dieser
Einseitigkeit schlossen sich die späteren Forscher gleichwohl
zumeist an ihn und nicht an Lavater an. Denn Gall
fußte auf wissenschaftlicher Grundlage und gieng methodischer
bei seinen Demonstrationen zu Werke. Doch dehnte man
im Sinne Lavaters die physiognomische Betrachtung auch
auf die Hand und den Fuß aus, und 1853 entwarf Karl
Gustav Carus ein Gesammtwerk über die „Symbolik der

menſchlichen Geſtalt". Die neueſte Wiſſenſchaft aber hat
die Grundprincipien Lavaters überhaupt aufgegeben und ſich
von der Unterſuchung der feſten Korperteile mehr im Sinne
Lichtenbergs zur phyſiognomiſchen Erforſchung der beweg=
lichen Muskeln gewendet, namentlich der Geſichtsmuskeln,
welche unter dem directen Einfluſſe der Geiſtestätigkeit
ſtehen. —

Lavaters geſchäftiger Eifer ließ ſich nie an Einer Arbeit
genügen. So erledigte er auch in den Jahren, da er ganz
dem phyſiognomiſchem Studium hingegeben zu ſein ſchien,
daneben noch die verſchiedenartigſten Aufgaben. Er ſchickte
wiederholt Sammlungen von Predigten und geiſtlichen Liedern
in die Druckerei, lieferte Beiträge zu einer Ausgabe der
„bibliſchen Erzählungen alten und neuen Teſtamentes" für
die Jugend in Proſa und in Reimen, trat mit allen Kräften
für Baſedows neue Erziehungsmethode ein — auch durch
öffentliche Briefe (1771) — und verfertigte ſelbſt ein „ABC=
oder Leſebüchlein zum Gebrauch der Schulen" (1772). Im
Verein mit ſeinen Freunden Jakob Heß und Johann
Tobler arbeitete er zu einer neuen Ausgabe der Züricher
Bibelüberſetzung (1772) ein Realregiſter aus, das ihm von
Seiten der proteſtantiſchen Orthodoxie in der Schweiz und
in Deutſchland heftige Angriffe zuzog. Er ſchrieb, auch hier
wieder von der allgemeinen Baſis ſeines Chriſtusglaubens
ausgehend, ein „Taſchenbüchlein für Dienſtboten" (1772)
und ein „Sittenbüchlein für das Geſinde" (1773) — in
ähnlicher Weiſe folgten ſpäter „brüderliche Schreiben an
verſchiedene Jünglinge" (1782), „Lebensregeln für Jung=
linge, beſonders für diejenigen, welche die hohe Schule be=
ziehen wollen" (1783) und „chriſtlicher Religionsunterricht
für denkende Jünglinge" (1787). Zuſammen mit dem Kraft=
genie Chriſtoph Kaufmann und einigen Freunden gab
er unter dem Titel „Allerlei" ein Büchlein heraus, deſſen
rhapſodiſch hingeworfene, gegen die Führer des Rationalis=
mus gerichtete Einfälle in Leipzig Hottingers beißende,
aber vielfach berechtigte, anonyme Gegenſchrift, die „Brelocken
an's Allerlei der Klein= und Großmäuler" (1777), hervor=
riefen. Endlich veröffentlichte er (1778) eine „Sammlung
einiger Gebete auf die wichtigſten Angelegenheiten des menſch=
lichen Lebens", ein Buch, das im ganzen einfach und innig
geſchrieben war und noch in unſerm Jahrhundert mehr=
fach aufgelegt wurde. Die bedeutendſte Stelle unter dieſen

religiös=asketischen Arbeiten nahm ein Aufsatz aus
dem September 1776 ein, der jedoch erst neun Jahre dar=
nach im dritten Bande der „kleineren prosaischen Schriften"
zum Abdruck gelangte, das „Fragment eines Schreibens an
S*** über den Verfall des Christentums und die echte
Schrifttheologie". Lavater knüpfte darin zum Teil an seine
früheren Aeußerungen von der Kraft des Glaubens und
des Gebetes an. In enthusiastischem, oft mystisch schwärmen=
dem Tone und in einem fragmentarisch=sprungbaften Stile
richtete er einen Aufruf an seine dem schriftgemäßen Christen=
tum entfremdeten Glaubensbrüder, sie möchten mit Kinder=
sinn die Bibel wieder lesen „als Geschichte, als Zeugenreihe,
als Erfahrungsgeschichte des Gottesmenschen, ohn' allen
Commentar". So sollten sie sich aus der Lauheit und den
Zweifeln durchringen zur vollen „Christusreligion" der Aus=
erwählten, welche „höherer Weisheit Tochter" und „Himmels=
vernunft" ist und „evangelische Tugend" aus evangelischem
Glauben zeugt. So sollten sie zur höchsten Bestimmung
und höchsten Kraft der Menschheit gelangen, welche in auf=
steigender Linie als „Gottes Erfahrung, Gottes Erfassung,
Gottes Genuß, Gottes Gemeinschaft, Gottes Aehnlichkeit"
sich darstellt.

Zu diesen schriftstellerischen Arbeiten kamen die an=
strengenden Pflichten des Berufes und die ausgebreitete
Tätigkeit, in die Lavater durch die beispiellose Ausdeh=
nung seines persönlichen und brieflichen Verkehrs
verwickelt wurde. Aus den verschiedensten Gegenden Deutsch=
lands, ja Europas wandten sich Männer und Frauen jedes
Alters und Standes, jeder Religion, Bekannte und Fremde,
die mitunter sogar ihren Namen verheimlichten, an ihn als
den Vertrauten und Berater ihres Herzens. Seit Luther
hatte kein Deutscher eine ähnliche Correspondenz geführt.
Oft hatte er auf mehrere Hunderte von Briefen zugleich zu
antworten. Da er sich nicht im Stande fühlte, jedem be=
sonders zu schreiben, so verfiel er auf den Ausweg, seine
„vermischten Gedanken" religiösen Gehaltes in kleinen Heften
von Zeit zu Zeit als Manuscript drucken zu lassen und so
nur an seine Freunde zu versenden. Er tat dies vom
Januar bis zum Mai 1774. Allein die Empfänger hielten
diese Blätter nicht geheim genug; sie kamen in den Buch=
handel, wurden nachgedruckt und sogar in öffentlichen Zeit=
schriften recensiert. Mit Bestürzung erfuhr Lavater dies

und die Folgen davon auf seiner Rheinreise. So kündigte
er denn bald nach seiner Rückkehr (im September 1774) den
Freunden das Aufhören dieser kleinen Hefte an, warf aber
zugleich einen freudigen Rückblick auf die Erlebnisse der Reise:
er glaubte bemerkt zu haben, daß der Sieg des Christentums über die „Unvernunft der Vernunftsherolde" sich
vorbereite.

Der an sich berechtigte Kampf gegen die Rationalisten
und Aufklärer, dem Lavaters ganzes Leben galt und den
er in diesen Worten an seine Freunde neuerdings erklärte,
führte den allzeit mutigen Gottesstreiter nahe an das äußerste
Ende des entgegengesetzten Lagers. Religiöse Schwärmer
und angebliche Wundertäter flößten ihm stets großes Interesse ein, obschon er Anfangs ihr Tun fast mit Mißtrauen
betrachtete und redlich untersuchte, bevor er glaubte. Allein
seine Ansicht von den außerordentlichen Gnadenwirkungen
des heiligen Geistes setzte ihn der Gefahr einer Täuschung
stärker als jeden andern aus. So war er lange überzeugt,
daß Swedenborg von Gott inspiriert sei, und richtete in
diesem Sinne mehrere Briefe an ihn. Noch in späterer
Zeit hielt er ihn für „einen wahren, redlichen Divinator".
Die Wundercuren des katholischen Priesters Johann
Joseph Gaßner beschäftigten ihn Jahre lang (1774 bis
1778). Er trat in Briefwechsel mit dem Teufelsbanner und
befragte mehrere erprobte Aerzte um ihr Urteil. Unbefrie-
digt forderte er Semler, den erklärten Gegner alles Dä-
monenglaubens, auf, die vorgeblichen Tatsachen kritisch zu
prüfen. Aber auch dessen Versuch, das Wunder auf natürlich-
psychologischem Wege zu erklären, genügte ihm nicht. Im
Sommer 1778 lernte er Gaßner selbst zu Augsburg kennen,
sah aber keine seiner Curen. Auch gewann der Exorcist
weder seinen Verstand noch sein Herz. Und doch zweifelte
Lavater nicht an seiner Redlichkeit und an der logischen
Consequenz seines Systems. Cagliostro sah er im Sommer
1783 zu Straßburg einige Male. Lavater erblickte in ihm
eine Gestalt, wie die Natur nur alle Jahrhunderte Eine
forme. Doch mißkannte er nicht die vielen „unleugbaren
Hartheiten und Crudilitäten" des Mannes und trat zu ihm
in keinerlei „societätisches Verhältnis". Tiefer wirkte auf
ihn Franz Anton Mesmer, der Begründer des Magne-
tismus. Auf einer Reise nach Genf mit dem Grafen Heinrich XLIII. von Reuß und dessen Gemahlin im Sommer 1785

wurde Lavater mit seiner Lehre bekannt. Unerklärliche Tat=
sachen schienen sie zu beweisen. Zwischen Glauben und
Zweifel schwankend, wandte er sich wieder an rationalistisch
gesinnte Aerzte, Theologen und Philosophen, darunter Garve,
Campe und Spaldings Sohn, mit der Bitte, das merk=
würdige Phänomen zu untersuchen. Aber indessen hatte er
bereits selbst unter dem Beistand seines Bruders, welcher
Arzt in Zürich war, mehrfache magnetische Curen, nament=
lich an seiner Frau, mit Erfolg vorgenommen. Die neu
entdeckte Kraft des Menschen ließ er durchaus nur als natür=
lich, nicht als wunderbar gelten; zugleich aber bemühte er
sich nunmehr, dieselbe im christlichen Sinn „als den heiligen
Strahl der alles in allen wirkenden Gottheit zu verehren".

Es war zu erwarten, daß Lavaters Gegner diese Teil=
nahme an den mysticistischen Bestrebungen der Zeit mit
ihrem Tadel und Spott nicht verschonen würden. Ja so=
gar, wo Lavater mit angestrengter Kraft und schließlich auch
siegreich gegen die religiösen Schwärmereien betrogener Be=
trüger ankämpfte, machten ihm seine Feinde öffentlich die
heftigsten Vorwürfe, als ob er den Wundercultus hervor=
gerufen und begünstigt hätte. So im Anfang der siebziger
Jahre bei seinem Verhalten gegenüber dem Treiben der
Züricher Bauersfrau Katharina Rinderknecht und ihrer
von der gleichen Ekstase ergriffenen Anhänger. Und die
gröbsten Angriffe giengen von Zürich aus und aus einem
Kreise hervor, dessen Mitglieder über die wahre Sachlage
wohl unterrichtet sein konnten.

Ein Privatbrief Lavaters, der eine Charakteristik aller
Züricher Geistlichen enthielt, wurde gegen den ausdrücklichen
Wunsch des Verfassers 1772 in der Mietauer „allgemeinen
theologischen Bibliothek" gedruckt. Lavater hatte darin zum
Teil seine Collegen in allgemeinen Ausdrücken gelobt;
über sich selbst war er flüchtig hinweggeschlüpft. In leiden=
schaftlich gehässiger Weise hielt ihm dies ein junger Amts=
genosse vor, Johann Jakob Hottinger, der vorzüglichste
Schüler Steinbrüchels. Anonym gab er zu Anfang des
Jahres 1775 sein mutwilliges „Sendschreiben an den Ver=
fasser der Nachricht von den zürcherischen Gelehrten im ersten
Bande der allgemeinen theologischen Bibliothek" heraus.
Der Brief über die Züricher Theologen ward hier nur als
äußerer Anlaß benützt, um in boshafter Weise eine Anzahl
halb wahrer oder ganz erdichteter Nachrichten über Lavaters

wissenschaftlichen, religiösen und rein menschlichen Charakter
auszustreuen. Ein lebhafter Streit knüpfte sich an die
Broschüre. Lavaters Freunde drängten sich in Schaaren
zur Verteidigung. Johann Jakob Heß wies den Ver-
leumder ruhig, aber entschieden ab in seinen „Gedanken über
das Sendschreiben eines zürcherischen Geistlichen“ (1775).
Breiter verarbeitete die Sache Johann Konrad Pfenninger (1747—1792), ungefähr seit 1770 bis an seinen
Tod der nächste Freund Lavaters, unter dessen Lehren er sich
großenteils gebildet hatte. Er verfaßte 1776 seine umfangreiche, weit ausgreifende „Appellation an den Menschenver-
stand, gewisse Vorfälle, Schriften und Personen betreffend“.
Lavater selbst, tief betrübt durch Hottingers Anklagen,
war doch mit diesen Apologien keineswegs zufrieden und
strebte umsonst, ihre Herausgabe zu verhindern. Im März
(richtiger April) 1776 veröffentlichte er ein „Schreiben an
seine Freunde“, worin er dem anonymen Widersacher gegenüber jede Rechtfertigung verweigerte, bevor er seine Anklagen
glaubwürdig begründet habe. Dasselbe forderte er von seinen Freunden. Zugleich bat er seine Anhänger, um des
Friedens willen mit übertriebenen Lobsprüchen ihn zu verschonen und nicht fernerhin mehr Schriften, Briefe oder
Predigten, die er nicht zum Druck bestimmt habe, ohne sein
Wissen und Wollen zu publicieren — zwei Wünsche, zu
denen ihn sowohl seine Bescheidenheit trieb als die Rücksicht
auf das eigne, durch den Uebereifer der Freunde schon oft
geschädigte Interesse.

So gern aber auch Lavater um des Friedens willen
jedes Unrecht, das ihm persönlich widerfahren war, vergaß,
so furchtlos erwartete, ja suchte er den Kampf, wenn er die
Religion bedroht glaubte. So am Schluß der siebziger Jahre.
Er sah, wie der Deismus durch Semlers und Tellers
Schriften und vollends durch die Fragmente von Lessings
Ungenanntem neu gesestigt wurde. Nun trat auch Gott-
hilf Samuel Steinbart mit einem von aufklärerischem
Geist erfüllten Werk hervor, das in Zürich viel Aufsehen
machte, dem „System der reinen Philosophie und Glückselig-
keitslehre des Christentums“ (1778). Lavater hielt es für
seine Pflicht, vor diesen Gefahren zu warnen. Die Gelegen-
heit dazu brach er bei der nächsten Synode der Zürcher
Stadt- und Landgeistlichkeit (1779) geradezu vom Zaun.
Einen unmittelbaren Erfolg erzielten seine feurigen Worte

nicht. Dagegen zog ihm eine in demselben Sinn abgefaßte
Recension von Steinbarts Buch im „christlichen Magazin"
(Zürich 1779) energische Abfertigungen von Seiten Sem=
lers und seiner Schüler zu.

Dieser Eifer für die Religion, den der Protestant Lavater
jederzeit rücksichtslos bewährte, mußte auch bei Katholiken
den Wunsch erwecken, ihn zu den Ihrigen zählen zu dürfen.
Bei seinem Hang zum Mysticismus ließ sich dabei sogar auf
Erfolg hoffen. An Bemühungen, Lavater in den Schoß der
römischen Kirche zurückzuführen, fehlte es nicht; sie waren
alle vergeblich. Lavater war gegen jedes christliche Bekennt=
nis tolerant; aber die Grundzüge der katholischen Lehre wie
des katholischen Cultus entsprachen seinen Ansichten vom
Christentum keineswegs. Gleichwohl tauchte (seit 1783)
wiederholt das Gerücht auf, er sei heimlicher Katholik,
ja gar ein Werkzeug des Jesuitenordens. Lange schwieg
Lavater. Als aber die Anschuldigungen von Seiten eines
Nicolai, Biester und anderer Vorkämpfer der Aufklärung
immer mehr überhand nahmen, gab er 1786 seine „Rechenschaft
an seine Freunde" heraus, zwei „Blätter", das erste über
sein Verhältnis zu Mesmer, Cagliostro und ihren Lehren,
das zweite, zunächst an den Professor Meiners in Göt=
tingen gerichtet, über die Nichtigkeit jener Sage von seinem
heimlichen Katholicismus. In beiden Fällen war Lavaters
Darstellung unbefangen, streng der Wahrheit gemäß, für
vorurteilslose Leser überzeugend, teilweise unterstützt durch
einen frei über der Streitsache schwebenden Humor. Dennoch
blieben ihm die Erwiderungen Nicolais und seiner übrigen
Gegner nicht erspart. Seinen Sinn erschütterten diese An=
griffe nicht. In dem Brief, den er am Ende seines Lebens
1800 an Fritz Stolberg nach dessen Uebertritt zur römi=
schen Kirche richtete, bekundete er noch dieselbe religiöse Tole=
ranz verbunden mit derselben Abneigung gegen Lehre und
Gebräuche des Katholicismus wie anderthalb Jahrzehnte
früher in jener Broschüre an Meiners.

In denselben, an Arbeit, Erfahrungen und Anfechtungen
so reichen Jahren entwickelte sich auch Lavaters poetische
Tätigkeit am fruchtbarsten. Jetzt begann er seine vermisch=
ten Gedichte zu sammeln. 1781 gab er zu Leipzig zwei Bände
reimfreie „Poesien" heraus, „den Freunden des Verfassers
gewidmet". Sie waren wegen ihres allzu individuellen
Charakters auch nur für diese recht verständlich und genieß=

bar. Faſt ausnahmslos waren es religiöſe Gelegenheitsgedichte, teils unmittelbare Ergüſſe chriſtlichen Gefühls, Betrachtungen der Taten der Heilsgeſchichte, teils Geſchichts-
bilder, Gemälde aus der Natur, freundſchaftliche Oden und
Epiſteln, die ganz und gar von religiöſem Geiſt erfüllt waren
oder wenigſtens in den Schlußzeilen ſein Weben vernehmen
ließen. Die Sprache der Bibel reichte dabei dem Dichter
manchen willkommenen Ausdruck dar. Noch mehr entlehnte er
aus Klopſtock. Namentlich in den älteren dieſer poetiſchen
Verſuche ahmte er ihn knechtiſch, bis auf die einzelnen Worte
und den Aufbau der Säße, nach. Er überbot ihn noch durch
ſein maßlos geſteigertes Empfinden, das ſich äußerlich in be-
ſtändigen Ausrufen und Fragen kundgab. Aber, da er die
Sprache nur mühſam bemeiſterte, fand er noch weniger als
Klopſtock den adäquaten Ausdruck für die ſinnliche Anſchau-
ung, der auch den Leſer ſeine Begeiſterung begreifen und
mitfühlen lehren könnte. Ihn muß Lavaters Empfinden ver-
ſchwommen, ja unnatürlich dünken, weil es ihn kalt läßt.
Wie Klopſtock verſenkte ſein Züricher Schüler ſich gern in
Gedanken über die Zukunft und das Leben nach der Auferſtehung. Aber in naiver Einfalt und Unſchuld ſuchte er
auch menſchliches „Werden, Daſein und Wachstum" zu ſchil-
dern oder mühte ſich vergebens, die moraliſchen Reſultate
ſeiner phyſiognomiſchen Einſicht, indem er ſie in Verſe
zwängte, poetiſch zu machen. Künſtleriſchen Wert haben noch
am erſten mehrere Oden an ältere Freunde, die Lavater ſelbſt
wegen der ihnen anhaftenden allzu auffälligen „Spuren der
Jugendlichkeit" am niedrigſten ſtellte und nur als „Geſchichte
ſeiner Poeſie, ſeines Geiſtes, ſeines Herzens, durchaus nicht
als Poeſie" mitteilte. Hiſtoriſches Intereſſe erwecken vor
allem die Fragmente einer unvollendeten Epopöe „Adam".

Im Wetteifer mit Milton, den er nie auch nur von
fern erreichte, wollte Lavater hier die Geſchichte der Schöpfung
und des Sündenfalls im urſprünglich bibliſchen Geiſte dar-
ſtellen. Allein es war ſeiner ſubjectiv-ſentimentaliſch gearteten
Natur unmöglich, den naiv-epiſchen Ton zu treffen. Auch
das Vorbild Klopſtock's, an den er ſich dabei mehr als an
Bodmer anſchloß, konnte ihn nicht auf den rechten Weg
führen. Der antiken Versmaße wurde er nie mächtig. Bald
verfuhr er ziemlich lar in ihrem Gebrauche, bald ließ er un-
zweifelhafte Fehler, beſonders fünf- oder ſiebenfüßige Hexameter mit unterlaufen. Das Geheimnis des Rhythmus gieng

ihm zeitlebens nicht auf; fehlte ihm doch alle Kenntnis der
Muſik.

Im folgenden Jahre begann Lavater ſogar ein poeti=
ſches Wochenblatt, den „chriſtlichen Dichter" (Mai 1782
—April 1783) zu erbaulichem Zweck herauszugeben, Anfangs
allein, ſpäter unter dem Beiſtand ſeines Sohnes Heinrich und
ſeines Hausgenoſſen Johann Michael Armbruſter (1761
—1814). Gereimte geiſtliche Lieder, zum Teil wohlgelungen,
bildeten den vornehmſten Inhalt des Blattes. Dazu kamen
meiſt kurzgefaßte religiöſe Betrachtungen und Ermahnungen
in Reimen oder antiken Metren, geiſtliche Cantaten, breite
poetiſche Paraphraſen von Stücken aus den Pſalmen, den
Propheten und aus dem neuen Teſtament, chriſtliche Fabeln
in Proſa, bibliſche Dialoge oder Scenen, die Lavater nach
Worten der heiligen Schrift in Proſa zuſammengeſtellt hatte.
Ein langgedehnter Pſalm, ebenfalls in ungebundener Rede,
verriet durch ſeinen Wortlaut wie durch ſeinen künſtleriſchen
Aufbau, durch den Dualismus der Gliederung den Nach=
ahmer der hebräiſchen Poeſie. Ein Brief eines verſtorbenen
Kindes an ſeine Eltern erinnerte hauptſächlich nur durch das
eigentümliche Thema, das darin behandelt war, an ältere
Dichtungen ähnlichen Charakters von Eliſabeth Rowe und
Wieland, welche auf den Verfaſſer der „Ausſichten in die
Ewigkeit" Einfluß geübt haben mochten. Auf die metriſch
gebundene Form verzichtete Lavater auch hier. Wahrheit
und Deutlichkeit war alles, was er bei dieſen ſämmtlichen
Verſuchen erſtrebte. Nimmermehr wollte er blenden. Da=
gegen, um den verſchiedenartigen Anſprüchen ſeines manch=
fach gemiſchten Leſerkreiſes zu genügen, rang er darnach,
Einfalt und Kraft, Würde und Wärme, Belehrung und Er=
freuung in ſeinem Wochenblatte zu vereinigen. Der moraliſche
Nutzen galt ihm auch hier mehr als die künſtleriſche Schönheit.

Von demſelben Grundſatz gieng Lavater aus, als er 1785
ſeine „vermiſchten gereimten Gedichte vom Jahr 1766
bis 1785" für ſeine Freunde ſammelte, ſoweit ſie nicht ſchon
vorher in den „chriſtlichen Liedern", in den „Schweizer=
liedern" und im „chriſtlichen Dichter" enthalten waren. Die
meiſten dieſer poetiſchen Arbeiten waren zuvor ſchon da und
dort gedruckt worden. Allein viele ſeiner früher veröffent=
lichten oder nur handſchriftlich verbreiteten Verſuche erkannte
Lavater jetzt nicht mehr an und ſchloß ſie von der Aufnahme
in die Sammlung aus. Nur als „gereimte Gutherzigkeit"

wollte er die meisten dieser Gedichte betrachtet wissen. Um
guten Menschen Freude zu machen, habe sie nicht so fast der
Autor als der Freund, der Tröster, der Briefschreiber, der
Mensch verfaßt. So waren auch diese Reime zum größten
Teil Gelegenheitsstücke. Auf künstlerische Bedeutung konnten
sie zu einer Zeit, wo das deutsche Volk sich bereits an Goethes
Jugendlyrik entzückt hatte, keinen Anspruch mehr erheben.
Wie Lavater in seinen reimlosen Gedichten von Klopstock
abhängig war, so gehörte er mit seinen gereimten Versuchen
fast noch einer früheren Zeit an, der Periode unmittelbar
vor Klopstocks Auftreten. Nur der einfachere, natürlichere
Ausdruck seines mehr innigen als leidenschaftlich tiefen Ge=
fühls bekundete den Sohn eines späteren Jahrzehnts. Einige
spruchartige kürzere Gedichte weltlichen, mitunter gar scherzhaf=
ten Inhalts, halb Epigramme, halb Fabeln, verrieten noch am
ersten den Zeitgenossen und Freund des jungen Goethe. Aber
die Mehrzahl der übrigen Stücke von lebrhaftem, gewöhnlich
geistlichem Charakter hätte ein Poet aus dem Kreise der Bremer
Beiträger eben so gut geschrieben, wahrscheinlich sogar besser,
ohne den Flug der Phantasie so ängstlich an den Boden zu
heften. Häufig wagte sich Lavater hier wieder an die Cantate.
Im größeren Stil erfaßte er sie niemals; doch verstand er bis=
weilen die Darstellung darin hübsch zu gliedern. So in der
bereits 1778 besonders gedruckten Cantate in drei Hand=
lungen „die Auferstehung der Gerechten", welche Schwindel
in Karlsruhe componierte. Dramatische Entwicklung fehlte
hier durchgehends; hingegen trat das lyrische Element stark
hervor. Oft drückte daher Lavater die Form der Cantate
Gedichten, deren Erfindung und Aufbau sich wenig dazu
eignete, nur äußerlich auf. Dies war unter anderem der
Fall bei mehreren vaterländischen Poesien, episch=lyrischen
Darstellungen aus der Schweizer Geschichte, die er als Neu=
jahrsgeschenke der musikalischen Gesellschaft an die Züricher
Jugend verfaßte.

Doch nicht nur seine vermischten lyrischen Gedichte aus
früheren Jahren sammelte Lavater jetzt für seine Freunde;
er trat auch mit größeren dramatischen und epischen Ver=
suchen hervor. Seit einigen Jahren schon beschäftigte ihn
die Arbeit, die er 1776 unter Goethes Beistand veröffent=
lichte, „Abraham und Isaak, ein religiöses Drama".
Stolz wies er im Vorbericht (vom 11. Juli 1775) alle ästhe=
tischen Einwände gegen die Wahl des Stoffes ohne jeg=

liche Antwort ab. Ihm genügte für die Herausgabe die
Ueberzeugung, „daß der Nutzen davon größer sein werde als
der Schaden". Klopstocks „Tod Adams" war sein Vorbild
gewesen. Zwar eignete sich sein Süjet, die Opferung Isaaks,
unvergleichlich besser zur dramatischen Behandlung als das
seines Vorgängers: der grelle Contrast zwischen den Stim-
mungen der höchsten Freude und des bittersten Schmerzes,
der Gegensatz der Empfindungen, mit denen Vater und Sohn
dem Opfer entgegengehn, der Zwiespalt, der in Abrahams
Seele wühlt, boten dem Dichter wirksame tragische Motive
dar. Aber dennoch vermochte Lavater nicht seinem Drama
auch nur den Reichtum an Vorgängen zu geben, den Wieland, indem er glücklich erfundene Episoden geschickt mit
dem Stoffe verflocht, seinem epischen Versuch „der geprüfte
Abraham" verlieh. Die Charakteristik der auftretenden Personen gelang ihm bis zu einem gewissen Grade. Aber red-
selige Betrachtungen mußten nicht nur die Handlung, sondern auch die Empfindung öfters ersetzen. Doch verleugneten
sich auch die Einflüsse der Sturm- und Drangperiode nicht.
Namentlich die naturalistische Ausführung jeder Scene bis
in kleine Einzelheiten des täglichen Lebens hinein bewies das.
Nicht minder die Prosa des Dialoges, welche zwar beständig
zum iambischen Vers aufstrebte, jedoch auch die Nachlässig-
keiten und Freiheiten der gewöhnlichen Volkssprache fest-
zuhalten versuchte.

An das Drama wagte sich Lavater fernerhin nicht mehr.
Dagegen begann er, verschiedene biblische Stoffe episch zu
bearbeiten. Vom alten Testament, aus dem Bodmer sich
mit Vorliebe seine Themata geholt hatte, wandte er sich nach
den Fragmenten des „Adam" (1779 entworfen) zu den
Büchern des neuen Bundes, welche ihn als Dichter dauern-
der fesselten. In den wöchentlichen Abendpredigten behandelte er damals gerade die Offenbarung Johannis. Das
regte ihn zu einer poetischen Paraphrase der Apokalypse an,
die im Spätsommer 1780 unter dem Doppeltitel „Jesus
Messias oder die Zukunft des Herrn" erschien. Strenger
schloß sich Lavater in den erzählenden und in den weissagenden Stellen an die Urschrift an; die rein lyrischen Partien
hingegen führte er unsäglich breit aus. Da schob er lange
Hymnen der Engel und der auferstandenen Seligen ein,
unterbrach wiederholt seine Hexameter durch freie Rhythmen
und hielt seiner endlosen dithyrambischen Begeisterung alles

für möglich und erlaubt. Nicht nur im Inhalt, sondern auch in der Sprache und poetischen Form war er von der Bibel abhängig. Einflüsse Klopstocks und Miltons traten dazu. Das Ganze zerfiel in vierundzwanzig Gesänge von mäßigem Umfang. Die knappere und lebendigere Darstellung in der ersten Hälfte entlockte selbst Goethe ein Wort des Beifalls. Die ermüdende Breite und Verschwommenheit der späteren Teile hingegen verschuldete namentlich die kühle Aufnahme des Werkes. Auch daß zahlreiche treffliche Vignetten von Chodowieckis Meisterhand das Buch schmückten, bestach das Urteil des Publicums nicht.

Gleichwohl ließ Lavater sich nicht abschrecken, ein ähnliches, nur größeres und schwierigeres Werk, das er seit vielen Jahren geplant hatte, jetzt auszuführen. 1783–1786 veröffentlichte er in doppelter Ausgabe mit oder ohne Kupfer vier stattliche Octavbände „Jesus Messias oder die Evangelien und Apostelgeschichte in Gesängen". Mehrere Stücke daraus hatte er schon 1774 im ersten Bande der „vermischten Schriften", wieder andere seit 1782 im „christlichen Dichter" mitgeteilt.

Lavater bekannte selbst, daß ohne Klopstocks Messiade seine Schrift „wohl nie veranlaßt worden, nie möglich gewesen" wäre. Er war bereit, wenn in seiner Arbeit etwas Gutes sei, „unbestimmlich viel von dem Verdienst derselben" jenem Werke zuzuschreiben, das er seit mehr als zwanzig Jahren sein liebstes und — die Bibel ausgenommen — das einzige nenne, an welchem er sich nie satt lesen könne. Und als „die Ehre Germaniens" pries er in seinen Versen Klopstock, seinen „Lehrer", den „Fürsten" der christlichen Dichter, „der dem Himmel näher sein Volk hob".

In der Tat war er überall, im Größten wie im Kleinsten, von Klopstock abhängig. Seinem Einfluß vermochte er Sprache und Vers nicht zu entziehen. Einzelne Worte, zusammenhängende Phrasen, grammatische Formen und Eigenarten, die Klopstock besonders liebte, nahm er bewußt oder unwillkürlich in sein Werk herüber. Aber auch auf den innern Charakter und Geist seiner Darstellung wirkte das Vorbild des älteren Dichters ein. Sogar Klopstocks unsinnliche, mit Vorliebe dem Seelenleben entnommene Gleichnisse suchte er hin und wieder nachzuahmen. Dieselbe Scheu vor der Hoheit seines Gegenstandes, die Klopstock nur „mit Einem weinenden Laute" singen ließ, hemmte auch Lavater, als er sich den heiligsten Stellen der evangelischen Geschichte nahte. Bei der Schilderung des Todes und der Auferstehung Christi drohte auch er vor der Größe seiner Aufgabe zu erliegen. Auch seine Darstellung wurde in diesen Partien, die Klopstock vorher schon behandelt hatte, mehr und mehr lyrisch. Während sonst das subjective Empfinden des Dichters seltner und vorzugsweise dann im Eingang der Gesänge zum Ausdruck gelangte, gieng hier die Erzählung beständig in religiöse Betrachtung über. Breite Gefühlsergüsse, Gebete, Hymnen, zum Teil in lyrischen Rhythmen, unterbrachen mehrfach den epischen Verlauf der Geschichte. Auf dieselbe Weise wie bei Klopstock ward so das Gedicht zu einer Art von Bibelharmonie erweitert. Denn in diesen lyrischen Abschnitten, die Lavater in den Gang der Erzählung einschob, verwertete er namentlich Ideen und Ueberlieferungen des alten Testamentes, die Psalmen und die auf Christus vordeutenden und prophetischen Stellen.

Die künstlerische Natur seines Stoffes, welcher der epischen Behandlung widerstrebte, der lyrischen hingegen sich willig darbot, führte Lavater unversehens zurück auf die Bahnen Klopstocks, die er eigentlich doch so ängstlich zu vermeiden trachtete. Denn wie ungemein er auch die ältere Messiade bewunderte, so vermißte er doch vieles daran. Daß ihr Dichter der Ausmalung alles eigentlich Geschichtlichen geflissentlich ausgewichen war, ja einige wesentliche Partien der Passion geradezu übergangen hatte, befremdete ihn auf das allerhöchste. Im Nachwort zum zweiten Band seines „Jesus Messias" (1784) ersuchte er Klopstock sogar öffentlich, er möge ihn und seine sonstigen Leser über die Gründe dieses Verfahrens belehren. Selbstverständlich wurde ihm die Bitte niemals erfüllt. Die Einsicht in das, was dem Werke Klopstocks fehlte, hatte ihn in dem langgehegten Gedanken bestärkt, selbst eine Messiade zu schreiben, die „historischer, planer, vollständiger, wahrer, weniger neuchristlich und mehr altisraelitisch" wäre, eine dichterische Messiade, „wie die vier Evangelien und die Apostelgeschichte eine historische sind". So ausgebildete Leser, wie sie Klopstocks Werk bedarf, setzte das seine nicht voraus. Es sollte deßwegen nicht eben allgemein genießbarer, sondern lieber „mehr gemeinnütziges Erbauungsbuch für cultivierte Leser sein, die an der malenden Dichtkunst Gefallen haben". Dem epischen Dichter nachzufliegen wollte Lavater sich nicht vermessen. Er beschied

ſich, „poetiſcher Erzähler, ausmalender Darſteller der Ge=
ſchichte zu ſein". Seinen Stoff künſtlich auf einen engeren
Zeitraum zu concentrieren fiel ihm nicht ein. Das Leben,
die Lehre, die Taten Jeſu waren ihm alle ſo weſentlich wie
ſein Tod. So ſang er denn den ganzen hiſtoriſchen Inhalt
des neuen Teſtamentes von dem wunderbaren Opfer des
Zacharias im Tempel zu Jeruſalem bis auf die Ankunft des
Apoſtels Paulus in Rom.

Er erzählte mit umſtändlichſter Breite. Auch das Ge=
ringfügigſte war ihm nicht unbedeutend genug, um es zu
übergehen. Die vorhandenen Evangelienharmonien konnte
er daher zwar benützen, keiner aber ganz folgen. In ſeiner
Sucht, alles zu bringen, gieng er ſo weit, daß er Vorgänge,
die von den verſchiednen Evangeliſten in unwichtigen Neben=
ſachen verſchieden berichtet ſind, zweimal erzählte. Dadurch
kamen einige unfreiwillige Wiederholungen in das Gedicht,
die ſich mit der künſtleriſchen Oekonomie ſchlecht vertrugen.
Anders ſtand es um die abſichtliche Wiederholung einzelner
Verſe oder größerer zuſammenhängender Partien. Hier be=
diente ſich Lavater nur eines formalen Kunſtgriffes, der von
je her dem Epiker vertraut war. Hier ſetzte er aber auch
gleich zuweilen an die Stelle der einfachen epiſchen Repetition
den urſprünglich aus der Lyrik entlehnten, gewiſſermaßen
ſtrophiſch abſchließenden Refrain.

Jene unwillkürlichen ſachlichen Wiederholungen waren
nur in der erſten Hälfte des Werkes möglich, ſo lange der
Dichter aus mehreren Quellen zugleich ſchöpfte. Eine andere
Gefahr drohte bei dem letzten Bande. Wie ſollte es dem
Verfaſſer gelingen, nachdem er den Höhepunkt überſtiegen,
den Tod, die Auferſtehung und die Himmelfahrt des Erlöſers
beſungen hatte, in die Darſtellung der Apoſtelgeſchichte noch
genug Intereſſe zu bringen? Lavater erkannte die Schwierig=
keit der Aufgabe; an einen Verſuch, ſie im künſtleriſchen
Sinne zu löſen, dachte er nicht. Er wollte durch die Sache
allein wirken, durch den bloßen Stoff, den er getreu, wie
der Hiſtoriker ihn ihm überlieferte, als Poet wiederzugeben
ſtrebte. Vor dieſer engherzigen Tendenz mußten alle rein
dichteriſchen Rückſichten verſchwinden. Von einem künſtleriſch
überdachten und geordneten Aufbau des Ganzen war keine
Rede; die einzelnen Vorgänge wurden gleich unverbundenen
Epiſoden äußerlich an einander gereiht. Sogar in der
Charakteriſtik der handelnden und ſprechenden Perſonen, im

landschaftlichen und culturhistorischen Colorit wagte Lavater
äußerst selten zu den Angaben seiner Gewährsmänner aus
eigner Phantasie etwas hinzuzutun. Nur Reden, Gedanken
und Empfindungen legte er ohne Scheu aus eigner Eingebung
den Personen seines Gedichtes in den Mund und in den
Sinn. Den localen und den historischen Charakter seiner
Geschichte wußte er bei allem Mangel an objectiven Kennt=
nissen verhältnismäßig gut zu wahren. Ganz vereinzelt
blieben die Stellen seiner Messiade, die den Sohn des acht=
zehnten Jahrhunderts, den Vorkämpfer des Glaubens gegen
den Rationalismus oder gar den Physiognomiker verrieten.

Dagegen zeigten die Mängel der äußeren wie der inne=
ren Form nur zu deutlich das technische Unvermögen des
Verfassers. Grammatisch unrichtige und unmögliche Formen
waren bald dem Vers zu Liebe, bald als Ueberreste des
schweizerischen Dialektes nicht ausgemerzt worden. Von
sieben= oder fünffüßigen Hexametern waren zwar im ganzen
wenige, aber immerhin genug stehen geblieben, um jeden
Zweifel an der Unsicherheit des Versificators schwinden zu
machen. Die so oft mißglückten Versuche des Enjambements
bewiesen zur Evidenz, daß auch das leiseste Gefühl des Rhyth=
mus dem Autor abgieng. Und doch war Lavater überzeugt,
daß er den „Jesus Messias" als eines seiner ausgearbeitet=
sten, dauerfähigsten und tief aus der Seele quellenden Pro=
ducte empfehlen dürfe.

Allein der enthusiastischen Freunde, die ihm auch hier
uneingeschränkten Beifall spendeten, waren wenige. Klop=
stock hielt mit seinem Urteil zurück. Die öffentliche Kritik
kümmerte sich kaum um den Dichter Lavater. Teilnehmende
und ausharrende Leser scheint der „Jesus Messias" auch nur
in engeren Kreisen gefunden zu haben, die sich aus persön=
lichen Anhängern oder religiösen Gesinnungsgenossen seines
Verfassers zusammensetzten.

Viel mehr beschäftigte sich Publicum und Kritik mit einem
andern Werke Lavaters, das, ebenfalls halb biblisch, halb
poetisch, derselben Zeit wie seine Messiade entstammte. Zwi=
schen 1782 und 1785 erschien in vier Bänden „Pontius
Pilatus oder die Bibel im Kleinen und der Mensch
im Großen", vielleicht die eigentümlichste Schrift des Züricher
Weisen. Eben darum erregte sie auch seinen Lesern den
meisten Anstoß. Und ganz ohne Mißfallen wurde sie kaum
von seinen nächsten Freunden aufgenommen.

Seit Weihnachten 1779 arbeitete Lavater an dem Werke, angeregt durch ein Wort Hamanns. Der Magus aus dem Norden hätte sich auch mit der Auffassung des Buches im ganzen einverstanden erklären können. Die Darstellung jedoch war von seiner Vortragsweise grundverschieden. Lavater wollte so populär als möglich schreiben. Klarheit und Ausführlichkeit waren daher die Vorzüge, nach denen er hauptsächlich strebte. Fremdwörter übersetzte er, fern liegende Anspielungen vermied er, streng folgte er einer äußerlichen, durch den Verlauf der biblischen Geschichte vorgezeichneten Ordnung. Und doch machte er oft die kecksten Seitensprünge, suchte seine Beispiele, Gleichnisse und Parallelstellen aus den entlegensten Büchern alten und neuen Testamentes zusammen, ja durchlief wiederholt die gesammte Bibel von Anfang bis zu Ende, um gewisse Vorgänge oder Reden darin in Beziehung zu einem einzigen Wort der Passionsgeschichte zu setzen. Hier schob er eine Anmerkung ein, die zur Toleranz gegen die Juden mahnte, da ein Capitel über die Häßlichkeit des Neides, dort einen direct oder indirect geführten Beweis der Echtheit der evangelischen Geschichte. Bald entwarf er ein weitgedehntes Schema mit zahlreichen Rubriken, in welche er ein halbes Tausend Fragen, die in der heiligen Schrift vorkommen, verteilte; bald betrachtete er im Zusammenhang alle Träume, von denen in der Bibel erzählt wird; bald definierte er den Begriff des Erhabenen und führte im Anschluß daran alle erhabenen Sprüche und Taten aus den heiligen Büchern auf. Gern citierte er aus den biblischen Epen und geistlichen Gedichten der Zeitgenossen. Doch selbst heidnische Poeten, Orpheus, Homer, Pindar und andre, mußten ihm den Ausdruck für sein christliches Empfinden leihen. Ermüdende Breite war ein Grundfehler auch dieses Werkes. An jedes Wort des biblischen Textes knüpfte Lavater weitschweifige Betrachtungen an, teils Predigten lehrhaften Charakters, teils überschwängliche Gefühlsergüsse. In Pilatus erblickte er einen „Universal-Ecce-homo", den „Menschen in allen Gestalten", den glücklichsten und unglücklichsten, den gerechtesten und ungerechtesten, den allgemeinsten und einzigsten Menschen, der als Richter des Richters der Welt, als Vollstrecker des ewigen Ratschlusses der Gottheit die größte aller Rollen gespielt hat. Die Geschichte des Pilatus, um so mehr, als sie zugleich die Geschichte der Passion Christi ist, wurde ihm so zu einer „Bibel im Kleinen", zu einem

„Magazin menschlicher, christlicher, poetischer, sittlicher Be=
merkungen und Gefühle über den Menschen", zu einer „Ge=
schichte der Menschheit", einer „Darstellung der Höhe und
Tiefe, der Würde und des Verfalls der menschlichen Natur".
Sein Werk sollte somit „ein Menschenbuch" werden, „eine
Schrift zur Schande und Ehre unsers Geschlechtes, lesbar
für Christen, Nichtchristen, Unchristen, Antichristen". Zugleich
aber ein besonderes Handbuch für alle, denen das Evange=
lium herzlieb und denen das schwere Wort nicht drückend
sei. Künstlerische Einheit in dieses Durcheinander zu bringen
war kaum Lavaters Absicht. Wurde es ihm doch schwer
genug, die philosophische Grundidee überall einheitlich durch=
zuführen. Es fehlte durchaus an Methode. Mochten einzelne
Partien des Buches auch noch so herrlich ausgefallen sein,
das Ganze blieb ein zwar gehaltvolles und lehrreiches, jedoch
enthusiastisches Product, das den Leser wohl auf Augenblicke
anregen und aufregen, kaum aber auf die Dauer fesseln und
befriedigen konnte. Lavater selbst war überzeugt, daß sein
„Pontius Pilatus" zwar sehr vieles für sehr viele enthalte,
ohne das Medium seiner Individualität aber eine im ganzen
ungenießbare Speise sei, darum auch nur seinen Herzens=
freunden durchaus gefallen könne. Ihm galt das Buch als
Abdruck seines Geistes und Herzens, Schimmer oder Däm=
merung von ihm selbst. „Es ist wie ich. Wer dies Buch
hasset, muß mich hassen. Wer dies Buch liebet, muß mich
lieben. Wer's nur halb genießen kann, kann auch meinen
Geist und mein Herz nur halb genießen."

In diesem letzten Falle waren meistens auch die selb=
ständigeren Freunde des Verfassers. Auf Goethe, der sich
damals als decidierten Nichtchristen fühlte, machte das Buch
einen so widrigen Eindruck, daß er im ersten Aerger es so=
gar zu parodieren begann. Es war der erste, unheilbare
Riß im Bunde der ehemaligen herzlichen Freundschaft.

Weiteren Kreisen als mit dem „Pontius Pilatus" suchte
Lavater mit seinen „Betrachtungen über die wichtigsten
Stellen der Evangelien" nützlich zu werden (zwei Bände
1783—1790). Frei von dem Ehrgeiz, als Exeget oder Dog=
matiker zu glänzen, beschränkte er sich darauf, die evange=
lische Geschichte in einfacher Weise homiletisch zu behandeln.
Er begnügte sich, ein bloßes „Erbauungsbuch für ungelehrte,
nachdenkende Christen nach den Bedürfnissen der jetzigen
Zeit" zu schreiben. Er fügte darum den Worten der vier

Evangelisten Vers für Vers sachlich erläuternde Anmerkun
gen, Parallelstellen aus andern Büchern der Bibel, christliche
Betrachtungen und Empfindungen bei. Die religiöse Begeisterung wuchs ihm während der Arbeit, so daß der zweite
Band in den Hexametern eines Lob- und Dankgebetes an
den Erlöser endigte. Ein „evangelisches Handbuch für Christen
oder Worte Jesu Christi", eine Sammlung verschiedner
Bibelstellen mit homiletischen Anmerkungen, folgte unmittelbar darauf (1790).

Wie für einen Menschen ohne Ehrlichkeitsgefühl die
Ehrlichkeit, so schien Lavatern das Göttliche des Christentums
für den Ungläubigen unerweislich. Nichts desto weniger
aber war er überzeugt, daß es als historisches Factum, welches
zahllose biblische Urkunden bestätigen, unumstößlich gewiß sei.
Aus der Fülle dieser urkundlichen Belege sammelte er die
vornehmsten Aussprüche der männlichen Zeugen, also der
Apostel und hervorragenderen Gläubigen, aus dem neuen
Testament. So entstand das Werk „Nathanael oder die
eben so gewisse als unerweisliche Göttlichkeit des Christentums, für Nathanaele, das ist für Menschen mit geradem,
gesundem, ruhigem, truglosem Wahrheitssinn". Lavater teilte
den Inhalt der maßgebenden Schriftstellen im Auszug oder
noch lieber ihren Wortlaut in voller Breite mit und knüpfte
daran im Geist und im Ton seiner Predigten eine kürzere
oder längere Erklärung und Betrachtung des heiligen Textes.
Er wollte das Unerweisliche keineswegs beweisen, sondern
vielmehr dartun, daß jeder Beweis überflüssig sei. Hiezu
bediente er sich beständig derselben Figur: er fragte erstaunt
und unwillig, wie es möglich sei, den historischen Bericht der
biblischen Autoren für Erdichtung zu halten. Auf Bekehrung
der Ungläubigen oder Zweifler hatte er es auch jetzt wieder
abgesehen; die Vorrede (vom 26. Februar 1786) richtete sich
„an einen Nathanael, dessen Stunde noch nicht gekommen
ist". Aber die einstige Indiscretion von 1770, an welche
ihn Mendelssohns Tod (im Januar 1786) auf's neue
mahnte, suchte er jetzt durch die äußerste Discretion zu büßen:
niemand, nicht einmal der Adressat selbst, sollte erfahren, an
wen sich diese Zuschrift des „Nathanael" eigentlich wende
(an Goethe?).

Das Jahr 1786, in welchem dieses Buch erschien, war
auch äußerlich eines der bewegteren in Lavaters Leben. Im
Juni, unmittelbar nachdem er unter schweren Seelenkämpfen

einen Ruf nach Bremen ausgeschlagen hatte, trat er eine
Reise zu den Freunden im Norden an. Kleinere Reisen unter=
nahm Lavater fast jedes Jahr. Meist verließ er dabei den
Boden der Schweiz nicht. Interessant hatte sich für ihn be=
sonders der Ausflug gestaltet, zu dem ihn im Sommer 1777
Zollikofer, damals sein Gast in Zürich, ermunterte. In
Waldshut am Rhein hofften sie Joseph II. zu sehen. Ihr
Wunsch ward überschwänglich erfüllt. Der Kaiser berief La=
vater zur Audienz und unterhielt sich lange mit ihm über
seine Bestrebungen, namentlich auf dem Gebiete der Physio=
gnomik. Eine größere Reise bis an den Main unternahm
Lavater im Juli 1782, dann wieder im Juni 1783, als er
seinen fünfzehnjährigen Sohn Heinrich nach Offenbach zu
einem Freunde brachte, der ihn für den Besuch der Hochschule
vorbereiten sollte. Jetzt, im Sommer 1786, bezog Heinrich
als angehender Mediciner die Universität. Der Vater be=
gleitete ihn nach Göttingen. Von da setzte er seine Reise
nach Bremen fort. Er wurde mit Begeisterung aufgenom=
men und mit Ehren überhäuft. Zahlreiche neue Freunde
lernte er kennen, viele alte suchte er auf dem Hin= und Rück=
weg auf. Bald freilich trübten die Schmähschriften seiner
Gegner den reinen Eindruck, den er von der Reise nach
Hause mitbrachte. Er konnte kein Wort sprechen, keinen
Schritt tun, den sie nicht boshaft entstellten und mißdeuteten.

Neue Ansprüche machte Lavater an sich selbst, als er
zum Pfarrer der St. Peterskirche in seiner Vaterstadt be=
fördert wurde. Anfang 1787 trat er dieses Amt an. Als=
bald bemühte er sich mit Erfolg, die Lage der Armen in
seiner Gemeinde zu verbessern. Auch eine Bibliothek guter
Erbauungsschriften legte er für seine Pfarrkinder an. Seit
dem Jahre 1791 übernahm er zu den Pflichten seines
Amtes die Aufgabe, der Prinzessin von Mömpelgard und den
protestantischen Glaubensgenossen an ihrem Hofe von Zeit
zu Zeit das Abendmahl zu reichen. Zu einer größeren Reise
entschloß er sich wieder im Mai 1793. Kopenhagner Freunde
und Verehrer hatten ihn wiederholt und dringend eingeladen.
Anfangs widerstrebte Lavater ihrer Bitte. Die schlimmen
Erfahrungen des Jahres 1786 hatten ihm alle weitere Reise=
lust benommen. Auch äußere Hindernisse standen dem Unter=
nehmen entgegen. Als diese gehoben waren und namentlich
der dänische Minister Graf Bernstorff ihm eine Vergütung
der Reisekosten anbot, machte er sich mit seiner ältesten Tochter

auf den Weg. Wieder suchte er aller Orten, wohin ihn
seine Fahrt führte, die christlich frommen Gesinnungsfreunde,
namentlich unter dem Adel, auf. Aber auch auf den persön
lichen Verkehr mit den Männern der Wissenschaft und Lite=
ratur hatte er seine Absicht gerichtet. In Jena sah er den
Kantianer Reinhold, in Weimar Wieland und Herder
— Goethe und der Herzog waren abwesend —, in Ham=
burg Klopstock. Ueberall, vor allem in Kopenhagen selbst,
wurde er von Hoch und Niedrig auf das herzlichste und
ehrenvollste empfangen. Nach Zürich zurückgekehrt, begann
er, recht weitschweifig die Erlebnisse der Reise nach Aus=
zügen aus seinem Tagebuch „durchaus bloß für Freunde" zu
schildern: „Reise nach Kopenhagen im Sommer 1793".
Doch erschien von dem unerfreulichen Werke nur ein einziges,
allerdings ziemlich umfangreiches Heft, welches die neun
ersten Tage der Fahrt bis zur Ankunft in Hof umfaßte.
Sogleich rief das Buch den Spott der Gegner hervor. Der
Humorist Adolf Freiherr von Knigge schrieb seine stellen=
weise wörtliche und oft scharf einschneidende Parodie „Reise
nach Fritzlar im Sommer 1794". Es war der letzte heftige
Angriff, dem Lavater — und nicht ohne eigene Schuld —
sich ausgesetzt sah. Aber es war auch das letzte Mal ge=
wesen, daß er persönlich sich weit über die Grenzen seines
Vaterlandes hervorwagte. Kränklichkeit, die schon seit mehreren
Jahren beständig zunahm, hielt ihn von jetzt an in der Hei=
mat gefesselt. Der Gedanke an seinen nahen Tod verließ
ihn nun nicht mehr. Desto energischer spannte er daher alle
geistige Kraft zur regsten Tätigkeit an.

Zu größeren zusammenhängenden Werken nahm er seit
dem „Nathanael" kaum mehr recht einen Anlauf. Dagegen
verarbeitete er nun seine vermischten Gedanken bald zu klei=
neren Aufsätzen, bald sprach er sie nur als Sentenzen aus,
sammelte sie so und legte davon ein Heft um das andere
seinen Freunden vor. Bereits früher hatte er dies hin und
wieder versucht; jetzt wurde es geradezu Regel für ihn.

So hatte er schon 1781 zu St. Gallen ein Bändchen
„Herzenserleichterung oder Verschiedenes an Verschiedene"
erscheinen lassen. Nach genauester Prüfung gab er hier als
den „Effect vieljähriger Erfahrungen, Leiden, Ueberlegungen,
Beobachtungen" eine Reihe von Aufsätzen an seine Freunde,
seine Correspondenten, seine Mitbürger, seine Leser, an die
Käufer und an die Recensenten seiner Schriften, an seine

„sogenannten oder allenfalls wirklichen Feinde oder Un=
freunde", an Arme jeder Art, an fremde Durchreisende u. s. f.
Rückhaltlos sprach er sich über vieles aus, was ihm persön=
lich nahe gieng, über seine umfangreiche literarische Wirk=
samkeit, über sein Verhältnis als Mensch und als Autor
zum Publicum, über die Brauchbarkeit seiner Schriften für
gewisse Klassen von Lesern, über seine religiöse Toleranz,
über die Grundsätze seines Christentums. Nicht alles, was
er sagte, war neu, aber alles durchaus wahr. Das Ganze
zusammen konnte man wohl als Skizze einer Selbstcharakte=
ristik des Verfassers betrachten.

Fast nur aus fremden Büchern als Ergebnis seiner
Lectüre stellte Lavater 1785 das Schriftchen zusammen, das
er dem Erbprinzen Friedrich von Anhalt=Dessau widmete,
„Salomo oder Lehren der Weisheit", eine Sammlung von
mehreren hundert Sentenzen aus verschiedenen Schriftstellern
alter und neuer Zeit, ohne eine speciell religiöse Absicht an=
gelegt. Der Herausgeber selbst steuerte nichts als die wenigen
Sprüche der „Zugabe" am Schluß bei.

Die Frucht eigner, langjähriger Erfahrung waren hin=
gegen die Lehren und Gedanken, welche Lavater 1787 unter
dem Titel „Noli me nolle" zunächst für seinen auf der
Universität weilenden Sohn aufzeichnete, sowie die „vermisch=
ten unphysiognomischen Regeln zur Selbst= und Menschen=
kenntnis" aus demselben Jahre. Die ersteren wurden nicht
gedruckt. In den Handel kam auch das zweite Buch nicht.
Nur seine Freunde hatte der Verfasser bei der Herausgabe
im Auge, und gleich als ob er sich mit ihnen unterhielte,
so reihte er hier, oft im halben Gesprächston, bald Sen=
tenzen, bald Regeln, bald Anekdoten für sie an einander.
Mit einfachen Sätzen des gesunden Menschenverstandes wechsel=
ten bedeutendere Lehren tiefer Lebensweisheit, die meisten
auf der Basis allgemeiner, nicht speeifisch christlicher Moral
gegründet. Eine ähnliche, doch wieder weniger originelle
Publication brachte das folgende Jahr (1788), die „Hand=
bibel für Leidende". Lavater stellte nämlich darin die Bibel=
verse zusammen, welche auf Leidende aller Art Bezug haben,
ordnete sie alphabetisch nach den Anfangsworten der Züricher
Uebersetzung und begleitete sie mit einer praktischen, überaus
warmen und wohltuenden Anwendung. Von dem Buche
erschien jedoch nur Ein Band. 1789 folgte ein neues Sammel=
werk von Lehren und Sentenzen, das „Taschenbüchlein für

Weise“. Den Ertrag desselben bestimmte der Autor zur
Unterstützung der unglücklichen Juden, welche in diesem Sommer, eben als er zur Cur in Basel weilte, aus den nachbar-
lichen Districten Frankreichs bei einer der revolutionären
Bewegungen vertrieben worden waren.

Eine andere kleine Schrift desselben Jahres 1789,
„Zween Volkslehrer, ein Gespräch“, leitete wieder ganz
auf das religiöse Gebiet zurück. Sie richtete sich gegen den
nämlichen Aufklärer Bahrdt, dem schon Lavaters erster
literarischer Versuch gegolten hatte. Dem seichten Verfasser
der „Bibel im Volkston“ und der „Briefe über den Plan
und Zweck Jesu“ stellte der Züricher Theologe im fingierten
Dialog Christum selbst gegenüber, um den Irrenden mit herzlichen Worten duldender Milde von den innerlichen Widersprü-
chen und Inconsequenzen seiner Lehre zu überzeugen und liebe-
voll zum Glauben an die endlich erkannte Wahrheit zu führen.

Um die Last seiner Correspondenz sich zu erleichtern, ließ
Lavater 1790 einen Teil derselben, seine „Antworten auf
wichtige und würdige Fragen und Briefe weiser
und guter Menschen“, unter der Form einer Monatsschrift zu Berlin im Druck erscheinen (zwei Bände zu je sechs
Stücken). Als Lehrer und Berater der Gewissen trat er hier
fast durchgängig auf. Nur selten gab er directen Aufschluß
über sein persönliches Leben und Handeln. Meistens ver-
breitete er sich über die wichtigsten und über die vieldeutig-
sten Sätze des christlichen Glaubens oder er ließ seiner reichen
Kenntnis der Welt und der gesellschaftlichen Verhältnisse allgemein moralische Urteile und Ratschläge entlocken. Die einzelnen „Antworten“ waren verschieden an Umfang, an Inhalt und Wert, in der stilistischen Form wie in der Tendenz
ziemlich gleich. Ungemildert waltete in allen derselbe sittlich
religiöse Ernst.

Um dieselbe Zeit übersetzte Lavater aus dem Französischen fünf Gespräche von der erschaffenen Natur, welche ihm
unter dem Titel „der Blinde vom Berg“ ein Freund mitgeteilt hatte, und ließ sie zusammen mit drei schon 1787
ausgearbeiteten, angeblich von einem andern Freund verfaßten Gesprächen über Wahrheit und Irrtum, Sein und
Schein als „philosophische Unterhaltungen von
einem französischen und schweizer'schen Verfasser“
(1791) in geringer Anzahl drucken.

Auch nicht für das große Publicum bestimmt, doch auf

weitere Kreise berechnet war die „Handbibliothek für
Freunde“, welche er 1790 begründete und bis in den
Februar 1794 regelmäßig fortführte (vier Jahrgänge, jeder
in sechs Bändchen). Obwohl er sich mit diesem Unternehmen
nur an seine Freunde wandte, gestand er selbst, daß er sich
freue, unter den Teilnehmern scharfe Kritiker angetroffen zu
haben. Denn seine einzige Absicht sei, „allen Lesern damit
recht wohl zu machen“. Zu dem Behufe suchte er allerlei
Ganzes und Halbes, Fertiges und Unfertiges aus seiner
Brief- und Arbeitstasche zusammen, Gelegenheitsgedichte, geistliche Lieder, Cantaten, Aufsätze und Predigten oder Bruchstücke von beiden, kleine biblische Geschichten und Anekdoten,
Briefe und Auszüge aus Briefen, Stellen aus seinem Tagebuch, vermischte Gedanken, Regeln und Sinnsprüche in Prosa
oder in Versen, Fragmente oder Excerpte aus den Büchern,
die er las. Ernst und lehrhaft war auch hier wieder alles,
was er bot, das meiste von religiösem Geiste durchdrungen.
Einiges steuerten die Freunde bei. Nicht selten brachte Lavater bloß ältere Manuscripte zum Abdruck. So hatte er
das „Taschenbüchlein für liebe Reisende“ (im zweiten Bändchen der „Handbibliothek“) schon 1787 geschrieben und nur
zum Zweck der Herausgabe im letzten Sommer beträchtlich
vermehrt. Manchen Vers oder Spruch entlehnte er seiner
sogenannten „Gedankenbibliothek“. Seit einigen Jahren
hatte er diese aus alphabetisch geordneten Zettelchen ange-
legt, indem er jeden Gedanken, der ihm zu Hause, auf Spa-
ziergängen, in weniger anregenden Sitzungen einfiel, in hexametrischer Form aufzeichnete. Gegen sechzig Quartbände
brachte er auf diese Weise allmählich zusammen, vielleicht das
originellste Zeugnis, wie unablässig er seinen Geist beschäftigte.
    Den Anfang der „Handbibliothek“ bildete ein größeres
Gedicht in sechs Gesängen, „das menschliche Herz“.
Lavater hatte es bereits 1788 verfaßt. Prinz Eduard von
England nämlich, der ihn das Jahr zuvor in Zürich besuchte,
hatte ihn gebeten, etwas über dieses Thema für seine Mutter,
die Königin Charlotte, zu schreiben. Das Gedicht betrachtete
Lavater selbst als „das liebste seiner Werke, ein Schoßkind
seines Herzens“. Unter dem Beistand seiner Freunde feilte
er noch in den folgenden Jahren sorgfältig an demselben.
Erst 1798 gab er es verbessert in den allgemeinen Buch-
handel. Mit der ganzen Inbrunst seiner Seele, die sich
äußerlich in der Form der Anrufung beständig offenbarte,

besang Lavater das menschliche Herz, aber nur von seiner guten Seite. Den trocknen Verstandeston des eigentlichen Lehrgedichtes schlug er selten oder nie an; seine Aufgabe, vor deren Größe er wiederholt in bewundernder Ohnmacht verstummen zu müssen meinte, hatte sein persönliches Empfinden allzu mächtig ergriffen. Von Gesang zu Gesang wuchs seine Leidenschaft, bis sie zuletzt zur hellen Glut religiöser Begeisterung aufloderte. Aber aller Enthusiasmus und alles Pathos vermochte nicht den völligen Mangel an poetischer Anschauung und Gestaltungskraft, an Handlung und Entwicklung zu ersetzen. Der Dichter blieb von Anfang bis zu Ende in bloßer Schilderung befangen. Auch die metrisch-rhythmische Form, so einfach er sie sich wählte (reimlose fünffüßige Jamben), behandelte er ziemlich oberflächlich und lax.

Zu demselben Versmaß wandte sich Lavater wieder, als er im September 1793 sein letztes episches Gedicht, „Joseph von Arimathäa", verfaßte, welches das Jahr darauf zu Hamburg im Druck erschien. Aber er war auch jetzt im Gebrauch dieses Metrums nicht sicherer und correcter geworden. Nicht minder zum Tadel forderte die eigentümliche Wahl des Gegenstandes heraus. Die kleine biblische Episode, wie sich Joseph den Leichnam Jesu von Pilatus erbittet und im eignen Grabe bestattet, war zum Ziel- und Angelpunkt eines Gedichtes von sieben Gesängen geworden, welches die ganze Passion Christi, aber wie sie sich in ihrer Wirkung auf Joseph widerspiegelte, zum Inhalt hatte. Lavater war durch seine Vorliebe für schöne, ruhige Leichen auf dieses Thema gebracht worden. So suchte er sich das Empfinden Josephs und seiner Freunde, als ihnen die schönste und heiligste aller Leichen geschenkt wurde, lebhaft zu vergegenwärtigen und mit poetischer Wärme in seinen mannigfaltigen Kundgebungen tief und wahr darzustellen. Das Ganze rundete sich so zu einer breit ausgesponnenen Idylle ab, in welcher dem erbaulichen Moment mindestens eben so viel Bedeutung zugestanden war als dem künstlerischen. Die Armut an Handlung strebte Lavater zu verdecken, indem er mit geschäftiger Phantasie verschiedene Nebenfiguren und anmutige Scenen im Geiste des letzten Capitels vom Evangelium Johannis erfand.

Dieselbe Freiheit der Erdichtung, welche er hier als Poet bei der epischen Darstellung des Begräbnisses Christi walten ließ, nahm Lavater nun auch in Anspruch, als er

ziemlich gleichzeitig unmittelbar zum Zweck religiöser Erbauung
in Prosa über des Heilands Leben und Lehre schrieb. Er
gieng von der Annahme aus, daß der Erlöser noch viele
Sentenzen ausgesprochen habe, welche von den Evangelisten
nicht aufgezeichnet worden sind. In dieser Voraussetzung
stellte er 1792 derartige „Worte Jesu" zusammen, welche
der Herr möglicherweise gesagt haben könnte. Zum Teil
atmen auch Lavaters Aphorismen den Geist Christi, wie er
namentlich aus dem Evangelium Johannis uns anweht.
Oft aber können sie nur als weise und liebenswürdige Lehren
einer allgemeinen Moral und Humanität gelten, und kaum
jemals sind sie von der lebendigen Kraft der echten Worte
Jesu durchdrungen. 1795 verfaßte er in derselben Weise
„vermischte Erzählungen eines christlichen Dichters
von Jesu Christo", worin er fingierte Geschichten und
Aeußerungen aus dem Leben des Heilands mitteilte. Noch
im Mai 1800 schrieb er so „Privatbriefe von Saulus
und Paulus". Sie erschienen unter dem Pseudonym
„Nathaliom a Sacra Rupe" 1801 zu Winterthur. Der Stil,
wenn gleich mit vielem Geschick dem biblischen Ausdruck
nachgebildet, verriet doch sofort Lavaters Autorschaft. In
die Stimmung des Apostels vermochte sich der Verfasser zwar
meistens zu versetzen und die vorgeblichen Briefe desselben
mit charakteristischen Zügen auszustatten; allein das rechte
historische Colorit fehlte, und hin und wieder zeigten sich
Spuren eines durchaus modernen Geistes.

Was Lavater hier scheinen wollte, bloßer Herausgeber,
das war er bei dem Sammelwerk, welches er nach dem Tode
seines langjährigen treuen Freundes und Berufsgenossen
Pfenninger (11. September 1792) begann, um durch den
Ertrag desselben der mittellosen, zahlreichen Familie des
Verstorbenen aufzuhelfen. Er veröffentlichte 1792—1793 in
sechs Heften „etwas über Pfenninger", eine Reihe von Aufsätzen und Briefen verschiedener Freunde und Freundinnen
über den Verewigten. Auch einige Bruchstücke aus Predigten
und Briefen Pfenningers streute Lavater dazwischen. Er
selbst steuerte namentlich einen kurzen Lebensabriß und eine
ausführlichere, liebevolle Charakteristik des heimgegangenen
Amts- und Herzensbruders bei.

Noch in demselben Jahre, bevor er die „Handbibliothek"
abgeschlossen hatte, unternahm er die Herausgabe einer
populär-asketischen Wochenschrift, des „christlichen Sonntags-

blattes" (1792—1793). Wiederum ſammelte er hier ver=
ſchiedene, jedoch durchweg der religiöſen Erbauung dienende
Aufſätze, Auszüge aus Predigten und Briefen, kleine Ge=
dichte, ausgeführte oder unausgeführte einzelne Gedanken.
Auch der Charakter der ſpäteren Zeitſchriften, die er
begründete, blieb der nämliche. Gewiſſermaßen als Fort=
ſetzung der „Handbibliothek" kam 1794 das „Monatblatt für
Freunde" heraus. An die Stelle des „Sonntagsblattes"
trat zur gleichen Zeit die „chriſtliche Monatſchrift für Un=
gelehrte" (vier Bände, 1794—1795). Bereits unter dem
Einfluß der revolutionären Bewegung gab Lavater 1798 das
„chriſtliche Wochenblatt für die gegenwärtige Zeit" heraus.

Wie ſehr er aber auch gerade in dieſen Jahren als Er=
bauungsſchriftſteller tätig war, ſo blieb er ſich doch ſtets
gleich in ſeiner Toleranz und Achtung für anders geartete,
wenn nur ernſte und edle Beſtrebungen des menſchlichen
Geiſtes. Als Fichte zum zweiten Male (ſeit dem Juni
1793) in Zürich weilte, verkehrte er viel mit Lavater und
hielt auf deſſen Wunſch in deſſen Hauſe, bevor er um Oſtern
1794 an die Univerſität Jena überſiedelte, Privatvorleſungen
über die Kantiſche Philoſophie, aus denen allmählich ſeine
„Wiſſenſchaftslehre" hervorwuchs. Dankbar erkannte Lavater
privatim und öffentlich an, daß er von dem „ſchärfſten
Denker" ebenfalls „heller, ſchärfer und tiefer denken" gelernt
hatte. Aber zugleich bekannte er freimütig, er habe Fichtes
Lectionen nicht ganz verſtanden. Jedenfalls ward die Rich=
tung ſeines Geiſtes dadurch nicht im mindeſten verändert.
Auch der Charakter der Schriften, die er veröffentlichte, blieb
nach wie vor im Grunde derſelbe.

Anfangs 1794 gab er „vierundzwanzig kurze Vorleſungen
über die Geſchichte Joſephs, des Sohnes Iſraels" heraus, die
er der Gräfin Auguſta Bernſtorff=Stolberg in Kopen=
hagen widmete. Sie waren ſchon 1789 entſtanden, eine bloße
Paraphraſe der bibliſchen Hiſtorie mit ſpärlichen homiletiſchen
Bemerkungen und mehreren geiſtlichen Geſängen meiſt in
Hexametern. 1793 hatte er „Regeln für Kinder" geſchrieben,
welche wiederholt aufgelegt wurden. Im Sommer 1794
während eines Landaufenthaltes am Züricher See verfaßte
er im Geiſt und Ton der „unphyſiognomiſchen Regeln" eine
Sammlung von tauſend Sprüchen geiſtlicher und weltlicher
Weisheit, welche im Juni 1795 unter dem Titel „Anacharſis
oder vermiſchte Gedanken und freundſchaftliche Räte" in zwei

Sedezbändchen erschienen. In dieselbe Klasse gehörte das auf ähnliche Weise entstandene „Geschenkchen an Freunde oder hundert vermischte Gedanken" (1796), ebenfalls aus dem Schatze echter, selbsterprobter Lebensweisheit geschöpft. Die (zweiundfünfzig) „freundschaftlichen Briefe" an verschiedene, von Lavater zwar nicht genannte, aber bestimmt in's Auge gefaßte Personen (Juni und Juli 1796) haben den nämlichen Charakter. Für seine Tochter Anna Luise schrieb er zum Anfang des Jahres 1796 (siebenhundert) „vermischte Lehren", jede in einen Hexameter kurz gefaßt, zusammen. Um sie auf ihren ersten Gang zum heiligen Abendmahl vorzubereiten, zeichnete er für sie in der Charwoche desselben Jahres eine Anzahl von Sprüchen auf, welche ihm die Zärtlichkeit des Vaterherzens in Gemeinschaft mit der Innigkeit seines christlichen Glaubens eingab. Endlich teilte er 1796 Stücke aus seinem Tagebuch von den letzten Monaten als „Vermächtnis an seine Freunde" mit. Im Vorgefühl seines nahen Todes betrachtete er die beiden Bändchen als das letzte, was er unmittelbar für seine Freunde schrieb. Und in der Tat, was er von nun an veröffentlichte, wandte sich nicht mehr speciell oder zunächst an seine Freunde, sondern an das durch politische Wirren aufgeregte Schweizer Volk.

Mit Wonne hatte der Dichter der „Schweizerlieder" den Ausbruch der französischen Revolution als den Beginn einer neuen Völkerfreiheit begrüßt. Aber schon die Ereignisse des Jahres 1792 stimmten ihn vollständig um. In Wort und Schrift, durch Predigten, Gedichte, Briefe und Aufsätze der „Handbibliothek" trat er gegen die Greueltaten der Pariser Schreckensmänner auf, deren Revolutionstaumel auch in der Schweiz viele Gemüter zu erfassen drohte. Lavater wollte die wirklichen Errungenschaften des Freiheitskampfes nicht aufgeben; er wollte dem Bürger und dem Bauern alles das zugestanden wissen, was Recht und Billigkeit ihm zuerkannte. Aber vor allem lag ihm an einer friedlichen Entwicklung des neuen Zustandes aus den alten Verhältnissen auf gesetzmäßigem Wege. Vermittelnd und zur Milde und Ordnung mahnend stand er daher zwischen den Parteien, als 1795 auch im Canton Zürich Unruhen ausbrachen. Seinem unermüdlichen und unerschrocken-selbstlosen Eifer war es hauptsächlich mit zu danken, daß die rasch bewältigten Aufrührer nicht am Leben gestraft und so ein neuer, schlim-

merer Aufstand vermieden wurde. Und als nun doch 1798
der Umsturz der Verfassung erfolgte und zugleich die Fran=
zosen in die Schweiz eindrangen, ließ Lavater den Mut
keinen Augenblick sinken. Jetzt offenbarte sich erst recht die
Energie seines Handelns. Eine unerschwingliche Contribution
war der Regierung auferlegt; Lavater rastete nicht, bis er
eine Subscription freiwilliger Beiträge unter allen Bürgern
der Stadt zu Stande gebracht hatte. Gegen die Aufhebung
der Zehnten und Grundzinse erhob er nachdrücklichen Protest.
Ja er trat mit unvergleichlicher Kühnheit den französischen·
Unterdrückern seines Landes in voller Person entgegen. Am
10. Mai 1798 faßte er in dem „Wort eines freien Schweizers
an die große Nation" alle Anklagen zusammen, die er als
Patriot und Diener der Wahrheit gegen die Franzosen er=
heben konnte, und sandte sie entschlossenen Mutes an den
Direktor Rewbell. Nach Ablauf eines Monates erhielt er
eine aus Sophismen zusammengesetzte officielle Antwort aus
dem Directorium. Doch damit gab er sich nicht zufrieden.
Er erneuerte vielmehr seinen Protest in derselben diplomatisch=
bescheidenen, aber unzweifelhaft bestimmten Weise. Er be=
reitete sogar noch eine rückhaltlosere Mahnrede an die fran=
zösische Nation in kühnerer und schärferer Sprache vor;
dieselbe blieb aber Fragment. Dagegen wurde ohne sein
Zutun seine erste Beschwerdeschrift und die Antwort des
Directoriums mehrfach gedruckt, und nur durch das besondere
Wohlwollen eines einflußreichen Mitgliedes der Regierung
entgieng Lavater glücklich den Verlegenheiten, die ihm der
auch sonst von ihm gereizte französische Obergeneral in der
Schweiz, Schauenburg, deßwegen bereitete.

An der welthistorischen Bedeutung der Revolution mach=
ten Lavater diese persönlichen Unbilden nicht irre. Im ganzen
betrachtete er die neue Ordnung der Dinge doch mit dem
Auge eines gemäßigten Optimisten. In diesem Sinne hielt
er am 25. April 1799 in der helvetisch=literarischen Gesell=
schaft zu Zürich eine Vorlesung über die Vorteile, welche
Moral und Religion davon zu hoffen hätten. Zu einem
zweiten Vortrag, der die Nachteile der politischen Umwälzung
schildern sollte, kam er nicht, da die Gesellschaft schon im
Mai aufgelöst wurde. Unvollendet blieb auch eine andere,
größer angelegte Arbeit, zu welcher der Umschwung in den
staatlichen Verhältnissen der Schweiz ihn angeregt hatte.
Unter dem Titel „Moses und Aaron oder Versuch einer

hinlänglichen Sönderung und Vereinigung der Rechte und
Zwecke des Staats und der Kirche, zum unmittelbaren prak=
tischen Gebrauche für die Eine und unteilbare helvetische
Republik" begann Lavater im October 1798 nach Anleitung
der biblischen Urkunden „menschliche Gesellschaft, Politik,
Moral, Religion, Christentum, Kirche, Staat" in ihrem ge=
schichtlichen Werden darzustellen und nach ihrem begriff=
lichen Wesen zu untersuchen. Erst aus der schärfsten kriti=
schen Trennung der einzelnen Kategorien von einander wollte
er zur innigsten Verbindung ihrer aller gelangen. Die reli=
giöse Grundanschauung des Verfassers verleugnete sich hier
eben so wenig wie in seinen sonstigen wissenschaftlichen und
schriftstellerischen Arbeiten. Aber nicht minder gab auch
dieser Aufsatz wieder Zeugnis, wie sehr Lavater unbedingte
und allseitige Toleranz jeder Glaubensmeinung und jedes
kirchlichen Bekenntnisses wünschte und erstrebte. Durchweg
gieng er in seiner Schrift von einfachen Grundsätzen aus,
ohne sich in den Bann einer philosophischen Schule zu be=
geben. Und ebenso strebte er hier auch im stilistischen Aus=
druck erfolgreich nach möglichster Popularität und Gemein=
verständlichkeit.

In dieser wissenschaftlichen Tätigkeit wurde Lavater
durch den überhand nehmenden Terrorismus der republi=
canischen Regierung unterbrochen. Auf's höchste erregte und
empörte ihn die widerrechtliche Deportation der angesehensten
ehemaligen Mitglieder des Rates von Zürich (seit dem
2. April 1799). Unablässig und furchtlos kämpfte er da=
gegen mit Wort und Tat, im Gespräch, auf der Kanzel,
durch Briefe und Eingaben an die Regierung. Jede War=
nung war vergebens. Anfangs schien das helvetische Direc=
torium ihn mit Nachsicht zu behandeln. Einige Wochen
darauf aber, am Morgen des 16. Mai, als er eben zum
Gebrauch einer Badecur gegen heftigen Rheumatismus in
Baden angelangt war, wurde auch er, nachdem man ihm
seine sämmtlichen Papiere weggenommen oder versiegelt hatte,
unter militärischer Escorte nach Basel deportiert. Die
Haft wurde ihm durch die Milde des dortigen Regierungs=
statthalters so leicht als möglich gemacht. Seine Familie,
seine Freunde und seine Gemeinde verwandten sich dringend
für seine Loslassung; zwei Verhöre erwiesen seine Unschuld.
So wurde er am 10. Juni 1799 wieder in Freiheit gesetzt.
Aber indessen war die Schweiz zum Schauplatz des französisch=

österreichisch-russischen Krieges geworden. Dies verhinderte
die augenblickliche Rückkehr nach Zürich. Endlich kam Lavater
nach manchen abenteuerlichen Kreuz- und Querzügen am
16. August in der Heimat an. Bald darauf, am 26. September, als Massena nach der zweiten Schlacht von Zürich
die Stadt einnahm, traf ihn die tödliche Kugel. Von einem
französischen Soldaten, den er einige Minuten zuvor mit
Speise und Trank erquickt hatte, wurde er dicht unter der
Brust schwer verletzt.

Die Schmerzen der Wunde konnten so wenig wie die
trüben Erfahrungen des letzten Frühjahrs seinen Mut ein-
schüchtern. In einem furchtlos kühnen Schreiben warnte er
das helvetische Directorium vor neuen Gewalttaten, und
schon begann er als ein „Rufender in der Wüste" seine
Stimme wieder laut und öffentlich gegen die Uebergriffe
jener Regierung zu erheben, als der Sturz derselben (am
7. Januar 1800) die Hoffnung auf eine bessere Zukunft
neuerdings anfachte. Mit gewissenhafter Sorgfalt schilderte
er die Geschichte seines Exils auf's ausführlichste in den „frei-
mütigen Briefen über das Deportationswesen und seine eigne
Deportation nach Basel" (zwei Bände, 1800-1801). Er
wollte sie ursprünglich dem helvetischen Directorium zueignen,
gegen welches diese Briefe eine ununterbrochene, rücksichts-
lose Anklage bildeten. Nach dessen Sturz widmete er, um
auch für seine Person gegen „jede Art des Rückfalls in den
Terrorismus" zu wirken, den ersten Band, der allein noch
vor seinem Tode erschien, dem neu errichteten helvetischen
Vollziehungsausschusse, sodann allen Freunden und Feinden
der Freiheit und der Menschenrechte. Von seiner unermüdlichen Tätigkeit auch während der Krankheit gab unter
anderm ein Gebetbuch, das er 1800 verfaßte, Zeugnis.

Kaum hatte er sich im December 1799 etwas besser ge-
fühlt, als er den Pflichten seines Berufes wieder in ihrem
vollen Umfang oblag. Aber schon Ende Januars verboten
es ihm seine neuerdings zunehmenden Leiden. Um jedoch
im Zusammenhang mit seiner Gemeinde zu bleiben, verfaßte
er regelmäßig für die Sonn- und Festtage einen kurzen Aufsatz, den seine Amtsbrüder auf der Kanzel ablasen. Umsonst
brauchte er im Mai und Juni die Bäder von Baden und
Schinznach. Für den Sommer bezog er das Landhaus eines
Freundes zu Erlenbach bei Zürich. Hier verlebte er trotz
aller körperlichen Schmerzen mehrere heitere Wochen. Erst

im September trieb ihn die Sehnsucht nach seiner Gemeinde in die Stadt zurück. Nach unsäglichem Leiden, das gleichwohl die Klarheit seines bis zum letzten Augenblick ungemein regen Geistes nicht zu trüben vermochte, starb er am Nachmittag des 2. Januar 1801 in den Armen der Seinen. Kaum drei Wochen zuvor hatte er seine letzten Wünsche und Hoffnungen als Gruß beim Anfang des neuen Jahrhunderts seiner Vaterstadt zugesungen. Sein Tod erregte weit über Zürichs Grenzen hinaus schmerzliche Teilnahme. Seiner Leiche gaben (am 5. Januar) auch die französischen Truppen, die in der Stadt lagen, das Geleite.

Aus seinem Nachlaß wurden verschiedene Schriftchen für seine Freunde an's Licht gezogen. Dasjenige Werk zwar, das er auf dem Totenbette als seinen „Schwanengesang" entwarf, „letzte Gedanken des Scheidenden über Jesus von Nazareth", war allzu wenig über die ersten aphoristischen Anfänge hinausgediehen, als daß es die Herausgabe zu ertragen schien. Dagegen teilte alsbald Lavaters Tochtermann Georg Geßner zahlreiche Gedichte, Predigten, religiöse, politische und physiognomische Briefe und Aufsätze des Verstorbenen in fünf Bänden seiner „nachgelassenen Schriften" (Zürich 1801—1802) mit.

Namentlich zwei religiöse Arbeiten waren darunter bedeutend. Die eine, fünfzehn „Briefe über die Schriftlehre von unsrer Versöhnung mit Gott durch Christum", war schon 1793 entstanden. Lavater erörterte darin ausführlich seine Ansicht von dem Erlösungstode des Heilands, die er bereits anderweitig in ähnlicher Weise angedeutet oder ausgesprochen hatte. Er faßte den Begriff des Opfertodes wörtlich: wie das Opfer den Juden entsündigte, d. h. als ein Entgelt für sein durch die Sünde verfallenes Leben ihn von seinem eignen Tode befreite, so erlöst uns Christi Sterben von unserem Tode. Etwas eigentümlich spielte jedoch in diese streng schriftgemäße Anschauung ein anderer Gedanke herein, der für den bibelgläubigen Theologen fast allzu stark auf die menschliche Natur des Gottessohnes Bedacht nahm. Nach Lavaters Darlegung „vervollkommnete" sich nämlich Jesus selbst erst durch sein Leiden und Sterben zum Retter, Entsündiger, Mittler und Versöhner der Menschen. Denn als der Mensch, der selbst am meisten und am freiwilligsten gelitten hat, wird er nun erst am fähigsten, das Leiden der Mitmenschen zu empfinden und zu heilen. Auf den innigen Verkehr des

Gläubigen mit der Person des Erlösers, den besonders die letzten Capitel dieses Aufsatzes predigten, wies nicht minder die andere, im März 1798 abgeschlossene Abhandlung hin, „Jesus Christus stets derselbe, nicht beschränkt durch Zeit und Raum, nicht durch die Unwürdigkeit der Glaubenden an ihn, oder neue Ausgabe des alten Evangeliums für echtgläubige Christen".

Von den übrigen Schriften, die Geßner aus dem Nach= laß zum ersten Male veröffentlichte, erheischen die Briefe an die Kaiserin Maria Feodorowna von Rußland über den Zustand der Seele nach dem Tode (seit dem August 1798) ein gewisses Interesse. Sie wurden 1858 noch besonders zu St. Petersburg herausgegeben. In anderer Form wieder= holten sie das Wichtigste von dem, was Lavater dreißig Jahre zuvor breiter in den „Aussichten in die Ewigkeit" behandelt hatte. Daran reihten sich einige erdichtete Schrei= ben von Seligen an hinterbliebene Freunde, in Prosa. Auch sie waren wieder inhaltlich grundverschieden von den poetischen Versuchen Wielands und seiner Vorgänger auf diesem Gebiete. Charakteristisch dafür, wie trüb dem sittlich und religiös prüfenden Blicke Lavaters in seinen letzten Jahren die Gegenwart sowie die nächste Zukunft bisweilen erschien, war seine öffentliche Vorlesung vom 11. September 1797 „mein Traum von den Heiligen Felix und Regula". Zürich, bisher ein Beispiel des Glaubens, mußte er nun eine Stätte des Unglaubens schelten, von wo Helfer des Antichrists ausgehen würden. Ueberhaupt und überall ver= mißte er die „sichern, festen, allumfassenden, auf jeden Fall leicht und ohne Ausnahme oder Wanken anwendbaren Grund= sätze". Doch verließ ihn die Hoffnung auf den Sieg des Guten nicht. Er vertraute, daß durch das Bemühen der Redlichen aus den Wirren eine „allein wahr=reformierte" Kirche erstehen werde, von allen, die sich jetzt so nennen, durchaus verschieden. Die nämliche, trotz allem Jammer der Gegenwart vertrauensvolle, ja hoffnungsfreudige Stimmung zeigten seine spätesten Gedichte.

Und so bewährte er sich bis zum letzten Augenblick und auch noch in den Schriften, die erst nach seinem Tode unter das Publicum traten, als der zwar selten irrtumsfreie, aber immer treue und unermüdliche Mahner und Berater, Warner und Tröster, Lehrer und herzliche Freund aller, die auf ihn hörten.

Register.

www.ingramcontent.com/pod-product-compliance
Lightning Source LLC
Chambersburg PA
CBHW022153090426
42742CB00010B/1503